知《し》れば知《し》るほど好《す》きになる

もっと！科《か》学《がく》のひみつ

監修
太田隆行

高橋書店

はじめに

今《いま》、みなさんのまわりには、何《なに》がありますか？
机《つくえ》の上《うえ》には本《ほん》やタブレットがあって、
部屋《へや》にはテレビや時計《とけい》が置《お》いてあるかもしれませんね。
飼《か》っている生《い》き物《もの》が近《ちか》くで動《うご》いていたり、
窓《まど》の外《そと》には雲《くも》がふわふわと浮《う》かんでいたりするかも。
あ、窓《まど》を開《あ》けたら、外《そと》には風《かぜ》が吹《ふ》いていますか？
おや、台所《だいどころ》からいいにおいがしてきたら、
そろそろお腹《なか》がなるころでしょうか。

わたしたちが毎日《まいにち》見《み》たり触《ふ》れたり体験《たいけん》したりするものごとには、
多《おお》くの科学《かがく》や技術《ぎじゅつ》が関《かか》わっています。
想像《そうぞう》しているよりもずっとたくさん、
身《み》のまわりのありとあらゆるものごとが、
科学《かがく》と関係《かんけい》しているのです。

でも……その関《かか》わりに気《き》づくのって、難《むずか》しい。
科学《かがく》や技術《ぎじゅつ》に興味《きょうみ》がある人《ひと》でも、
気《き》づかない関《かか》わりってたくさんあります。

そんな科学《かがく》や技術《ぎじゅつ》とのあなたとの関《かか》わりを
少《すこ》しでも感《かん》じてもらえればと思《おも》い、科学《かがく》に関《かん》する
ちょっと意外《いがい》で不思議《ふしぎ》で面白《おもしろ》い、いろんな話《はなし》を集《あつ》めてみました。
「ほんとに？」「うそだぁ！」とつっこんだり、
「なんでそうなるんだろう……」と悩《なや》んだりしながら、
いろんなものごとに関《かん》する「科学《かがく》」を楽《たの》しんでください。

さて、この本《ほん》の「おわりに」までたどり着《つ》いたとき、
みなさんの目《め》にはどんな科学《かがく》が見《み》えているでしょう？

本《ほん》田《だ》隆行《たかゆき》

すべての科学《かがく》は

朝《あさ》ごはんを食《た》べる前《まえ》に、ちょっとだけ聞《き》いてもらえますか？

あなたが今《いま》、手《て》に持《も》ったドーナツ。もしかすると宇宙《うちゅう》は、それと同《おな》じ形《かたち》をしているかもしれません。

それから、ふたをしたマグカップ。中《なか》に入《はい》っているのは、ミルクでしょうか、スープでしょうか。もし「あなたが中《なか》を見《み》た瞬間《しゅんかん》までどちらか決《き》まらない」と言《い》われたら、どうでしょうか。

そして、あなたはこれから朝《あさ》ごはんを食《た》べようとしています。けれども、別《べつ》の世界《せかい》ではもう一人《ひとり》のあなたが、後《うし》ろのソファで眠《ねむ》りにつこうとしている

信《しん》じられないから始《はじ》まった

可能性《かのうせい》だってあります。

信《しん》じられないでしょうか。無理《むり》もありません。あの有名《ゆうめい》な科学者《かがくしゃ》のアインシュタインでさえ、そんなことはあり得《え》ないと考《かんが》えました。

しかし、ここに書《か》いたのと同《おな》じようなことが、ミクロの世界《せかい》では実際《じっさい》に観《かん》測《そく》されたり、実在《じつざい》するのではないかと議論《ぎろん》されたりしています。

当《あ》たり前《まえ》だと思《おも》っている考《かんが》え方《かた》や生活《せいかつ》をときに根本《こんぽん》からひっくり返《かえ》してしまう。それが科学《かがく》の力《ちから》です。

科《か》学《がく》者《しゃ》は「ありえない」をくつがえしてきた

わたしたちが今《いま》「当《あ》たり前《まえ》」と思《おも》っていることも、数百《すうひゃく》年《ねん》前《まえ》は「ありえない」と思《おも》われていました。それでも科学《かがく》が発展《はってん》してきたのは、科学者《かがくしゃ》たちが何度《なんど》も何度《なんど》も何度《なんど》も何度《なんど》も失敗《しっぱい》しながら、それでもあきらめずに挑《ちょう》戦《せん》を続《つづ》けてきたからなのです。

1609年《ねん》

天文表《てんもんひょう》を作《つく》って母親《ははおや》が魔女認定《まじょにんてい》

ケプラーは、天体《てんたい》の観察記録《かんさつきろく》から「星《ほし》は太陽《たいよう》を焦点《しょうてん》にだ円《えん》を描《えが》いて動《うご》いている」と考《かんが》え、正確《せいかく》な天文表《てんもんひょう》を作《つく》ります。しかし当時《とうじ》の宗教《しゅうきょう》の教《おし》えに反《はん》していたため、母親《ははおや》が魔女《まじょ》と疑《うたが》われ、つかまってしまいました。

ところが!

1687年《ねん》

惑星《わくせい》は太陽《たいよう》を中心《ちゅうしん》に動《うご》いていると証明《しょうめい》!

ニュートンが「万有引力《ばんゆういんりょく》の法《ほう》則《そく》」を発表《はっぴょう》。すべての物体《ぶったい》は、ほかの物体《ぶったい》と引《ひ》き合《あ》うこと。そして引《ひ》っ張《ぱ》る力《ちから》は、物体《ぶったい》が大《おお》きくなるほど強《つよ》くなることを解明《かいめい》します。これにより、ケプラーの考《かんが》えが正《ただ》しかったことが認《みと》められました。

1724年《ねん》

『熱《ねつ》』の正体《しょうたい》は物質《ぶっしつ》であると発表《はっぴょう》

ブールハーヴェは、熱《ねつ》の正体《しょうたい》は、酸素《さんそ》や水素《すいそ》と同《おな》じ元素《げんそ》（小《ち》さな物質《ぶっしつ》）であると発表《はっぴょう》。この元素《げんそ》に「熱素《ねっそ》」（カロリック）と名《な》づけました。物《もの》が温《あたた》まったり冷《さ》めたりするのは、熱素《ねっそ》が移動《いどう》するためで、熱《あつ》いものほど熱素《ねっそ》を多《おお》くふくむと考《かんが》えたのです。

ところが！

1798年《ねん》

兵器工場《へいきこうじょう》の仕事《しごと》から熱《ねつ》が『運動《うんどう》』だと解明《かいめい》！

ランフォードは、兵器工場《へいきこうじょう》で大砲《たいほう》の筒《つつ》をきりでくり抜《ぬ》いている間《あいだ》、ずっと熱《ねつ》が出続《でつづ》けることに疑問《ぎもん》を感《かん》じます。熱《ねつ》の正体《しょうたい》が熱素《ねっそ》なら、いつかは出《で》なくなるはず。そうならないのは、熱《ねつ》が物質《ぶっしつ》ではなく、物質《ぶっしつ》の「動《うご》きのはげしさ」から発《はっ》せられるからだと考《かんが》えました。

1780年《ねん》

動物《どうぶつ》は電気《でんき》をためられると発表《はっぴょう》

ガルヴァーニは、解剖《かいぼう》したカエルの足《あし》を雷雨《らいう》の日《ひ》に鉄柵《てっさく》に引《ひ》っかけておいたところ、足《あし》がけいれんするのを発見《はっけん》。その後《ご》、2種類《しゅるい》の金属《きんぞく》をカエルの足《あし》の神経《しんけい》に当《あ》てると、同《おな》じように電気《でんき》が走《はし》り筋肉《きんにく》が動《うご》いたことから、動物《どうぶつ》の筋肉《きんにく》は、体《からだ》にためた電気《でんき》で動《うご》いていると考《かんが》えました。

ところが！

1799年《ねん》

思《おも》わぬ実験結果《じっけんけっか》から電池《でんち》を発明《はつめい》！

ガルヴァーニの研究《けんきゅう》に興味《きょうみ》をもったボルタは、独自《どくじ》に実験《じっけん》を進《すす》めました。その結果《けっか》、電気《でんき》を放《はな》つのは動物《どうぶつ》ではなく、2種類《しゅるい》の金属《きんぞく》のほうだと判明《はんめい》。そして金属《きんぞく》の間《あいだ》にぬれた布《ぬの》をはさみ、それを何層《なんそう》も重《かさ》ねると、強《つよ》い電流《でんりゅう》を放《はな》つことに気《き》づきます。これが世界初《せかいはつ》の「電池《でんち》」です。

1927年《ねん》

原子《げんし》や電子《でんし》の動《うご》きは気《き》まぐれだと提唱《ていしょう》

ハイゼンベルクは、原子《げんし》や電《でん》子《し》は、同《おな》じ運動量《うんどうりょう》をもっていても、同《おな》じ位置《いち》にならず、観測《かんそく》や計算《けいさん》ができないあいまいな動《うご》きをしていると明《あき》らかにします。だから未来《みらい》を予言《よげん》することはできないのです。

未来《みらい》はわからない!

1814年《ねん》

未来《みらい》を予知《よち》できる悪魔《あくま》の存在《そんざい》を予言《よげん》

ラプラスは、この世《よ》のすべての出来事《できごと》は、物理法則《ぶつりほうそく》（力学《りきがく》）に従《したが》って起《お》きていると考《かんが》えました。もしもすべての物質《ぶっしつ》の位置《いち》と運動量《うんどうりょう》がわかる悪魔《あくま》がいれば、数百年《すうひゃくねん》先《さき》の未来《みらい》も計算《けいさん》で予言《よげん》できると主張《しゅちょう》しました。

1947年《ねん》

放射年代測定《ほうしゃねんだいそくてい》が開発《かいはつ》され46億歳《おくさい》だとわかる

地球《ちきゅう》は、内部《ないぶ》からどんどん熱《ねつ》を生《う》み出《だ》すので、放熱量《ほうしゃりょう》を計算《けいさん》しても年齢《ねんれい》はわかりません。一方《いっぽう》で、リビーは化石《かせき》にふくまれる炭素《たんそ》の濃度《のうど》を測《はか》ることで、絶滅《ぜつめつ》した動植物《どうしょくぶつ》が生《い》きていた年代《ねんだい》を計算《けいさん》する方法《ほうほう》を開発《かいはつ》しました。これにより地球《ちきゅう》が約《やく》46億歳《おくさい》だとわかります。

1億《おく》才《さい》です
やっぱり46億《おく》才《さい》じゃった!!

1863年《ねん》

地球《ちきゅう》は生《う》まれてまだ1億年《おくねん》と発表《はっぴょう》

ケルヴィンは、地球《ちきゅう》が高《こう》温《おん》のマグマの状態《じょうたい》から少《すこ》しずつ冷《ひ》えて固《かた》まってできたと考《かんが》えました。地球《ちきゅう》が放出《ほうしゅつ》した熱《ねつ》の量《りょう》を計算《けいさん》し、地球《ちきゅう》の年齢《ねんれい》は長《なが》くて1億年《おくねん》、短《みじか》くて2000万《まん》年《ねん》と予想《よそう》しました。

知《し》れば知《し》るほど

過去《かこ》の科学者《かがくしゃ》が発見《はっけん》してきたことを、次《つぎ》の世代《せだい》の科学者《かがくしゃ》が受《う》け取《と》って、新《あら》たな発見《はっけん》につなげる。科学《かがく》は、こうして積《つ》み上《あ》げられた知識《ちしき》、技術《ぎじゅつ》、経験《けいけん》をリレーのようにバトンパスすることで発展《はってん》してきました。

　わたしたちは今《いま》、その最前線《さいぜんせん》を走《はし》っています。

人間《にんげん》も200歳《さい》まで生《い》きられるかも？
ロボットと友達《ともだち》になれたらいいな
恐竜《きょうりゅう》はいつか再生《さいせい》できるはず！

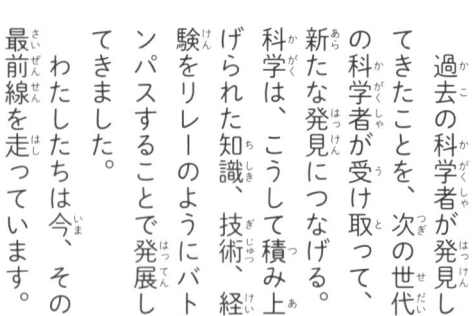

自《じ》由《ゆう》になれる

今《いま》「当《あ》たり前《まえ》」とされていることも、数百年後《すうひゃくねんご》には「ありえない」と思《おも》われているかもしれません。その常識《じょうしき》をひっくり返《かえ》すために役立《やくだ》つのが、知《し》ることです。

知《し》ることは、選択肢《せんたくし》を増《ふ》やすこと。知《し》れば知《し》るほど、あなたの発想《はっそう》はより豊《ゆた》かに、自由《じゆう》になれるはずです。

地球《ちきゅう》と月《つき》をケーブルで
つなげられないかな？

忘《わす》れた記憶《きおく》を
思《おも》い出《だ》させる
薬《くすり》ができたらすごい！

もくじ

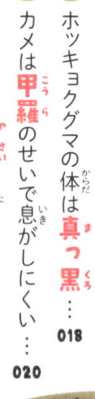

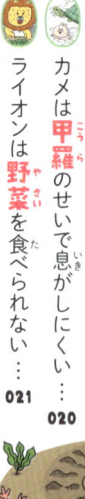

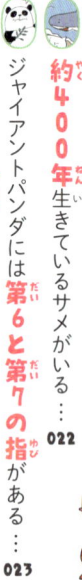

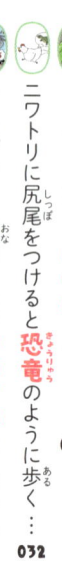

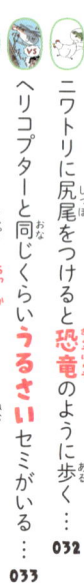

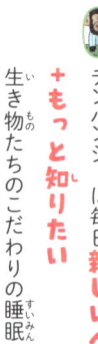

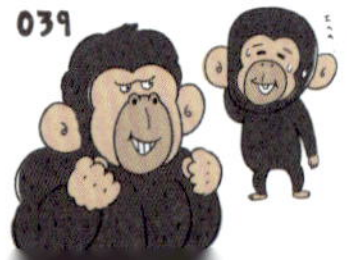

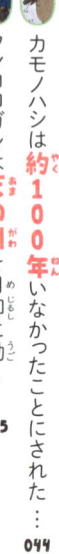

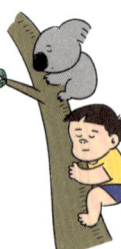

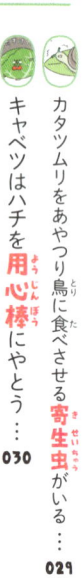

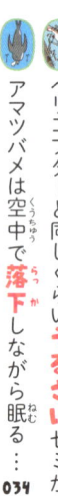

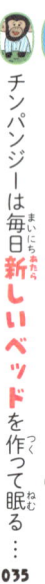

第《だい》2章《しょう》 知《し》れば知《し》るほど好《す》きになる 体《からだ》のひみつ

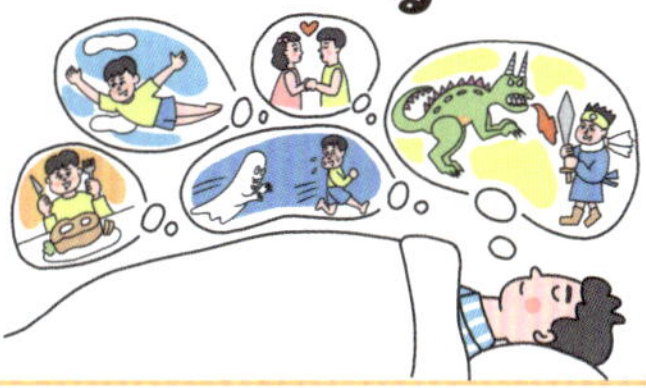

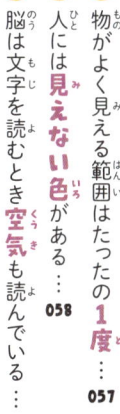

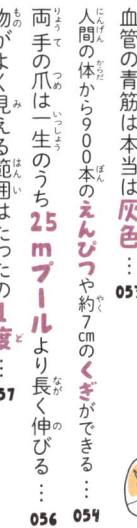

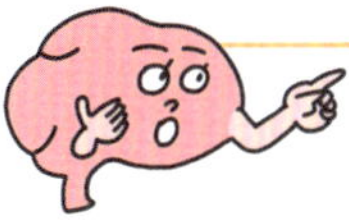

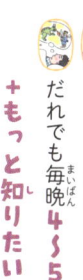

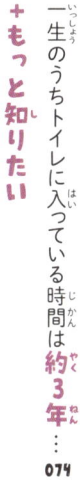

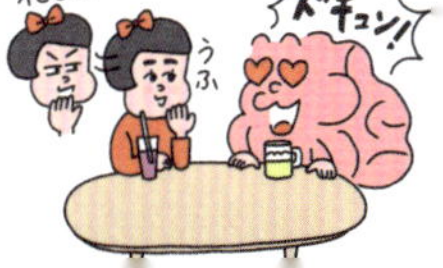

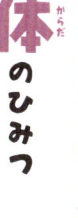

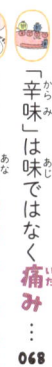

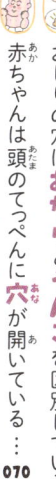

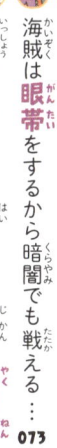

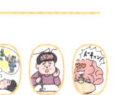

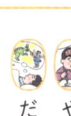

第《だい》3章《しょう》 知《し》れば知《し》るほど好《す》きになる くらしのひみつ

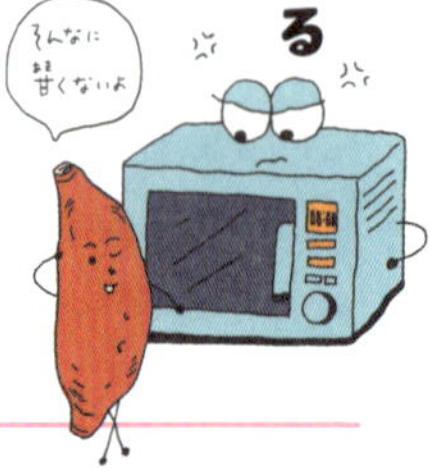

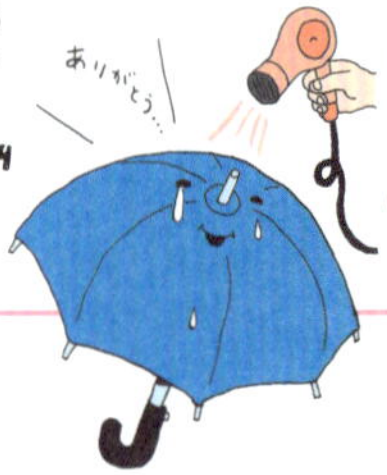

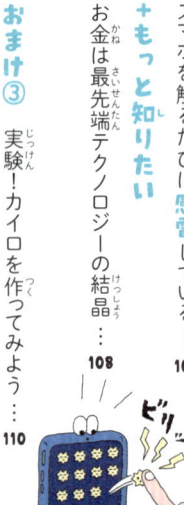

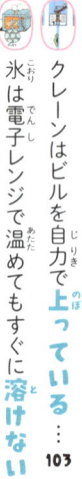

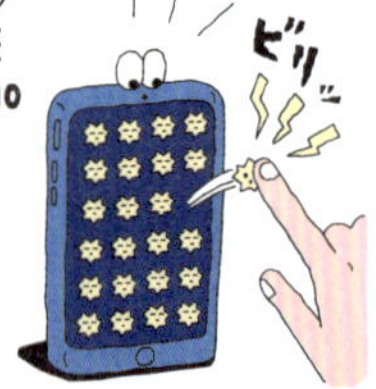

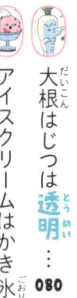

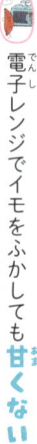

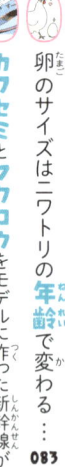

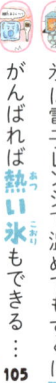

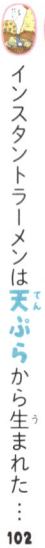

第《だい》4章《しょう》 知《し》れば知《し》るほど好《す》きになる 地《ち》球《きゅう》と宇《う》宙《ちゅう》のひみつ

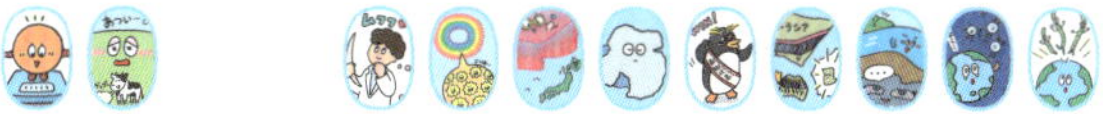

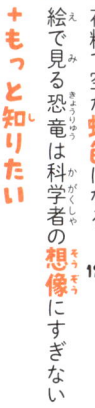

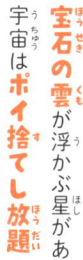

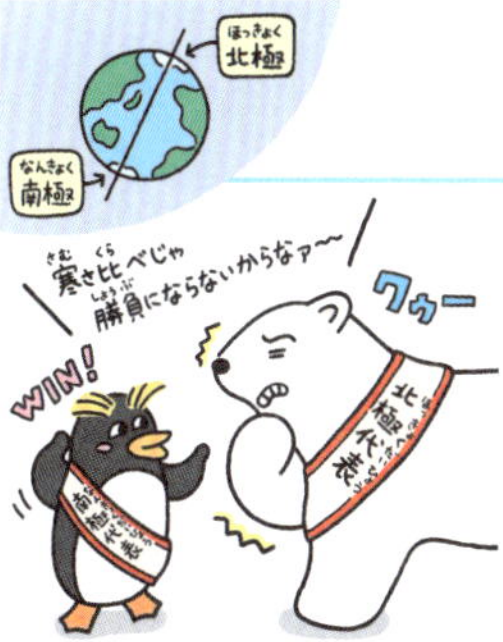

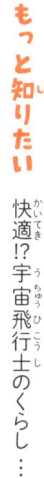

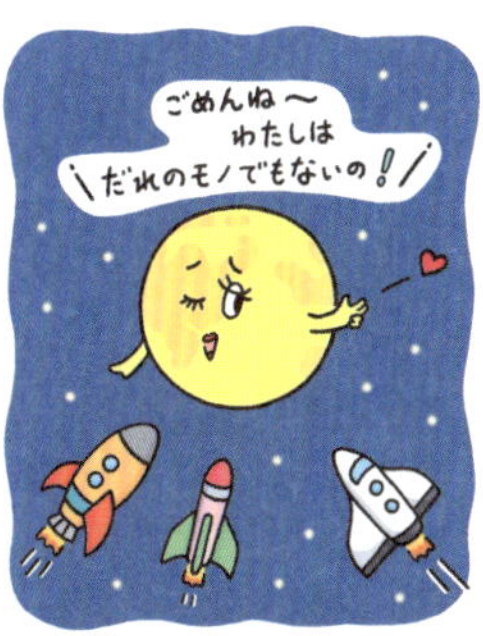

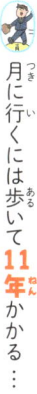

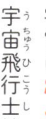

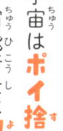

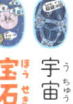

第《だい》5章《しょう》

知《し》れば知《し》るほど好《す》きになる 科《か》学《がく》者《しゃ》のひみつ

＋もっと知《し》りたい

編集・執筆協力…澤田憲　編集協力…田中絵里子
イラスト…Mepplestatt（巻頭、1章）　あべさん（2章）
やまぐちかおり（3章）　いしやま暁子（4章）
間芝勇輔（5章）　カケヒジュン（アイコン）
カバーデザイン…杉山健太郎　本文デザイン…杉山健太郎　八田さつき
DTP…（株）明昌堂　校正…新山耕作

第《だい》1章《しょう》

知《し》れば知《し》るほど好《す》きになる生《い》き物《もの》のひみつ

ホッキョクグマの体《からだ》は真《ま》っ黒《くろ》

バーバー
BARBAR
BARBAR
毛《け》の拡大図《かくだいず》
穴《あな》
お

びっくり

もしもホッキョクグマが毛《け》をすべてかりとったら、きっとヒグマと見分《みわ》けがつかないでしょう。ホッキョクグマの皮《ひ》ふの色《いろ》は、真《ま》っ黒《くろ》だからです。

黒《くろ》い色《いろ》には、熱《ねつ》をよく吸収《きゅうしゅう》する性《せい》質《しつ》があります。ホッキョクグマがくらす北極《ほっきょく》は、平均気温《へいきんきおん》がマイナス20℃前後《どぜんご》と、とても寒《さむ》い場所《ばしょ》。だから、**太陽光《たいようこう》の熱《ねつ》をたくさん吸収《きゅうしゅう》できるように、黒《くろ》い肌《はだ》になりました。**

ではどうして白《しろ》く見《み》えるのでしょうか。それは、ホッキョクグマの毛《け》が、ストローのように透明《とうめい》で、中《なか》が空洞《くうどう》になっているからです。

これは、雪《ゆき》が白《しろ》く見《み》えるのと同《おな》じ原理《げんり》（しくみ）です。雪《ゆき》は、透明《とうめい》な氷《こおり》

ただいまー
だれ
真《ま》っ黒《くろ》…

の粒《つぶ》でできていますが、白《しろ》く見《み》えます。それは雪《ゆき》の中《なか》で、光《ひかり》があちこちに反射《はんしゃ》するからです。同《おな》じように、ホッキョクグマに当《あ》たった光《ひかり》が、透明《とうめい》な毛《け》の中《なか》で乱反射《らんはんしゃ》するので、白《しろ》く見《み》えます。

さらにストローのような毛《け》は、中《なか》に入《はい》った空気《くうき》が太陽光《たいようこう》で暖《あたた》められて、寒《さむ》さから身《み》を守《まも》る効果《こうか》もあります。いろんな意味《いみ》で、驚《おどろ》きの白《しろ》さです。

ホッキョクグマの冬眠《とうみん》

クマといえばエサの少《すく》なくなる冬場《ふゆば》に冬眠《とうみん》するイメージがありますよね。でもホッキョクグマは、妊娠《にんしん》しているメスをのぞいて冬眠《とうみん》しません。北極《ほっきょく》には冬《ふゆ》でもアザラシがたくさんいて、エサには困《こま》らないからです。

衝撃《しょうげき》の事実《じじつ》！

動物園《どうぶつえん》では、毛《け》の中《なか》に藻《も》が入《はい》りこんで全身《ぜんしん》が緑色《みどりいろ》になるホッキョクグマもいる

カメは甲羅《こうら》のせいで息《いき》がしにくい

大変《たいへん》なのよ…
ハァハァ
ゼェゼェ
やばい

わき腹《ばら》の少《すこ》し上《うえ》を触《さわ》ると、胸《むね》をぐるりと囲《かこ》むような骨《ほね》があります。これをろっ骨《こつ》と言《い》います。

カメの甲羅《こうら》は、このろっ骨《こつ》が発達《はったつ》してできました。背骨《せぼね》から生《は》えたろっ骨《こつ》が横《よこ》に広《ひろ》がり、さらに太《ふと》くなって板状《いたじょう》につながってできています。

甲羅《こうら》のおかげで、カメは肉食獣《にくしょくじゅう》から身《み》を守《まも》れるようになりました。でも、代《か》わりに息《いき》がしにくくなりました。わたしたちは、筋肉《きんにく》で胸《むね》をふくらませたり縮《ちぢ》めたりして、呼吸《こきゅう》をしています。しかし、硬《かた》い甲羅《こうら》におおわれたカメには、それができません。

そのため、**首《くび》や足《あし》を甲羅《こうら》の中《なか》に入《い》れたり出《だ》したりして、肺《はい》をポンプのように動《うご》かし、息《いき》をしている**のです。

意外《いがい》なカンケイ

甲羅《こうら》に大量《たいりょう》のカルシウムが取《と》られ、歯《は》がなくなったという説《せつ》もある

ライオンは野《や》菜《さい》を食《た》べられない

ライオンの歯《は》はとがっていて、食《た》べ物《もの》をすりつぶすことができません。また、腸《ちょう》の長《なが》さも草食動《そうしょくどう》物《ぶつ》よりとても短《みじか》め。そのため**野菜《やさい》を飲《の》みこんでも、栄養《えいよう》を吸収《きゅうしゅう》できずにそのまま出《で》てきてしまいます**。

でも、ライオンは困《こま》りません。それは、草食動物《そうしょくどうぶつ》が消化《しょうか》した草《くさ》を食《た》べればいいから。草食動物《そうしょくどうぶつ》の肉《にく》を食《た》べるときに、胃《い》や腸《ちょう》にあるドロドロにとけた草《くさ》を食《た》べることで、足《た》りない栄養《えいよう》をおぎなえるのです。

また、生肉《なまにく》や内臓《ないぞう》にはビタミンやミネラルが豊富《ほうふ》にふくまれています。だから、肉《にく》だけ食《た》べていても栄養《えいよう》がかたよることはありません。ただし、うんこはめちゃくちゃ臭《くさ》くなります。

もっと知《し》りたい！

胃《い》にたまった毛玉《けだま》や異物《いぶつ》を吐《は》き出《だ》すために草《くさ》を食《た》べることはある

約《やく》400年《ねん》生《い》きているサメがいる

すごい

えっ何才《なんさい》？
まだ140才《さい》
子《こ》ども同士《どうし》なかよくしようよ

日《に》本《ほん》で江戸幕府《えどばくふ》ができた頃《ころ》から、ずーっと生《い》きているサメがいることがわかりました。

名前《なまえ》をニシオンデンザメと言《い》います。北大西洋《きたたいせいよう》の冷《つめ》たい海《うみ》にいるこのサメは、体長《たいちょう》5～6mまで大《おお》きくなります。ところが**1年《ねん》に成長《せいちょう》するのは、わずか1cm**。大人《おとな》になるまで、なんと150年《ねん》もかかるのです。

ニシオンデンザメは、何《なん》でも食《た》べ、過去《かこ》には胃《い》の中《なか》からおぼれた人《ひと》の死体《したい》が見《み》つかったこともありました。

でも、もしも海《うみ》で出会《であ》っても、あわてなくて大丈夫《だいじょうぶ》。じつは「世界一《せかいいち》のろい魚《さかな》」で、時速《じそく》1km（赤《あか》ちゃんのハイハイと同《おな》じ速《はや》さ）でしか泳《およ》げません。余裕《よゆう》でにげられます。

衝撃《しょうげき》の事実《じじつ》！

北国《きたぐに》ではニシオンデンザメの肉《にく》を発酵《はっこう》させて食《た》べる。おしっこのにおいがする

ジャイアントパンダには第《だい》6と第《だい》7の指《ゆび》がある

あっいま
食事中《しょくじちゅう》だから
第《だい》6の指《ゆび》
第《だい》7の指《ゆび》
びっくり

パンダの指《ゆび》の本数《ほんすう》は、正《ただ》しくは5本《ほん》です。しかし人間《にんげん》の親指《おやゆび》にあたる部分《ぶぶん》に、こぶのような出《で》っ張《ぱ》りが1つ、さらに小指《こゆび》の下《した》にも出《で》っ張《ぱ》りが1つあります。これらは第《だい》6、第《だい》7の指《ゆび》と言《い》われています。

第《だい》6、第《だい》7の指《ゆび》ができたのは、パンダの食《た》べ物《もの》が関係《かんけい》しています。

パンダの5本指《ほんゆび》は、すべて横並《よこなら》びで、人間《にんげん》の親指《おやゆび》にあたる指《ゆび》がありません。これだと細《ほそ》い竹《たけ》をうまくにぎれず、葉《は》を食《た》べるのに不便《ふべん》です。

そのため、親指《おやゆび》と小指《こゆび》の下《した》に出《で》っ張《ぱ》りが発達《はったつ》して、竹《たけ》を指《ゆび》ではさめるように進化《しんか》したと考《かんが》えられます。

動物界《どうぶつかい》のアイドルには、意外《いがい》なチャームポイントがあるようです。

もっと知《し》りたい！

パンダの学名《がくめい》は「アイルロポダ・メラノレウカ」。ネパール語《ご》で「竹《たけ》を食《た》べる者《もの》」

113の名《な》前《まえ》がある貝《かい》がいる

新種《しんしゅ》をたくさん発見《はっけん》したぞ
ワクワク

なるほど

世《せ》界《かい》では、毎年《まいとし》2000以上《いじょう》の生《い》き物《もの》の新種《しんしゅ》が発見《はっけん》されています。でも、もしかするとその一部《いちぶ》は、ただの勘違《かんちが》いかもしれません。なぜなら、**113回《かい》も新種《しんしゅ》として命《めい》名《めい》された貝《かい》が、一種類《いっしゅるい》の同《おな》じ貝《かい》だった**こともあるからです。

名前《なまえ》をホッキョクタマキビと言《い》います。北大西洋《きたたいせいよう》の海岸《かいがん》でよく見《み》つかるこの巻《ま》き貝《がい》は、個体《こたい》によって色《いろ》も大《おお》きさもバラバラ。そのため200年《ねん》以《い》上《じょう》もの間《あいだ》、見《み》かけが違《ちが》うだけの巻《ま》き貝《がい》が新種《しんしゅ》として登録《とうろく》されてきました。

じつは、このような例《れい》はめずらしくありません。2000年代初頭《ねんだいしょとう》に、国際的《こくさいてき》な研究《けんきゅう》チームが、これまでに登録《とうろく》された約《やく》42万種《まんしゅ》の海洋生物《かいようせいぶつ》を調《しら》

みーんな同《おな》じ貝《かい》です

べ直《なお》しました。すると、約《やく》19万種《まんしゅ》が別《べつ》の生物《せいぶつ》と同種《どうしゅ》であることが発覚《はっかく》。リストから消《け》されてしまいました。

それでもある科学者《かがくしゃ》は、「発見《はっけん》された海洋生物《かいようせいぶつ》は、まだ11％程度《ていど》にすぎない」と考《かんが》えています。これが正《ただ》しければ、約《やく》２００万種《まんしゅ》もの未発見《みはっけん》の生物《せいぶつ》が海《うみ》の中《なか》にいるのです。発見《はっけん》するのは、はたしてだれでしょうか。

生物《せいぶつ》の名前《なまえ》いろいろ

生物《せいぶつ》の名前《なまえ》にもいろんな種類《しゅるい》があります。生物学《せいぶつがく》のルールに沿《そ》った世界共通《せかいきょうつう》の名前《なまえ》が、学名《がくめい》。わかりやすいよう日本語《にほんご》でつけられた名前《なまえ》は、標準和名《ひょうじゅんわめい》。さらに、地域《ちいき》ごとに違《ちが》う地方名《ちほうめい》（俗名《ぞくみょう》）を持《も》つ生物《せいぶつ》もいます。

もっと知《し》りたい！

同《おな》じ種《しゅ》かどうかは、体《からだ》の構造以外《こうぞういがい》に「子《こ》どもを作《つく》れるか」で決《き》まる

＋もっと知《し》りたい

おもしろすぎる名《な》前《まえ》の生《い》き物《もの》たち

生物《せいぶつ》の名前《なまえ》には、世界共通《せかいきょうつう》の「学名《がくめい》」と、各国《かっこく》でよばれている名前《なまえ》（日本《にほん》なら和名《わめい》）があります。学名《がくめい》の名《な》づけには、国際的《こくさいてき》なルールがありますが、和名《わめい》は発見者《はっけんしゃ》が自由《じゆう》につけてOK。そのため、ちょっと変《か》わった和名《わめい》を持《も》つ生《い》き物《もの》たちもいます。

どっちやねん部門《ぶもん》

体《からだ》の特徴《とくちょう》を正確《せいかく》に分類《ぶんるい》しようとした結果《けっか》、何《なに》がなんだかわからなくなってしまった生《い》き物《もの》たちです。

- **スベスベケブカガニ**
- **タコイカ**
- **トゲアリトゲナシトゲトゲ**

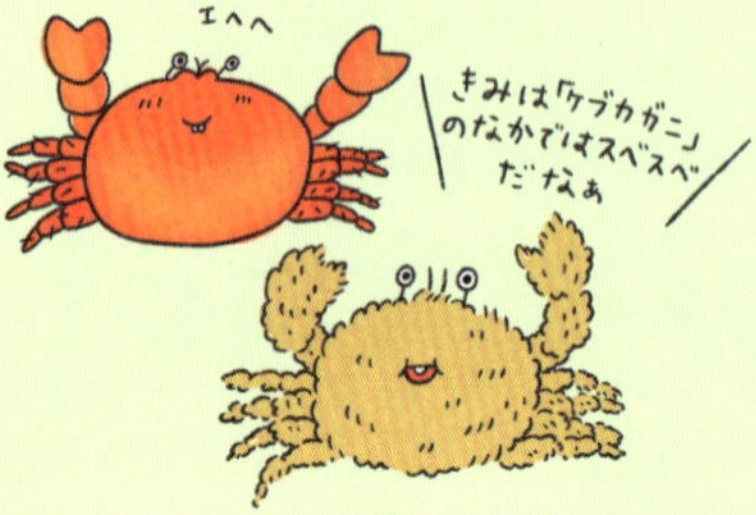
エヘヘ
きみは「ケブカガニ」のなかではスベスベだなぁ

もっとあっただろう部門《ぶもん》

見《み》た目《め》が別《べつ》のものと似《に》ていることからつけられた名前《なまえ》もあります。オジサンは、下《した》あごに2本《ほん》のヒゲが生《は》えていておじさんに似《に》ているから。とてもおいしい魚《さかな》です。

- **オジサン**
- **カシパン**
- **カワテブクロ**

オレたちって似てる…?!

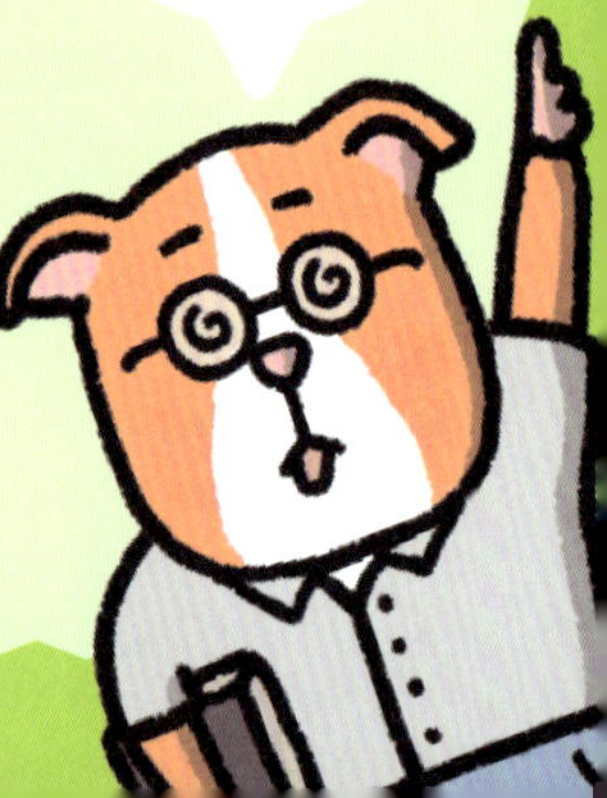

異種合体《いしゅがったい》部門《ぶもん》

ほかの物《もの》の名前《なまえ》と合体《がったい》してしまった生《い》き物《もの》もいます。
つかまえたら「ゲットだぜ!」と言《い》いたくなります。

- パンケーキガメ
- ウルトラマンボヤ
- インターネットウミウシ

発見者《はっけんしゃ》の気持《きも》ちがにじみ出《で》てる部門《ぶもん》

発見《はっけん》したときの驚《おどろ》きや喜《よろこ》びが、そのまま名前《なまえ》に表《あらわ》れています。
大《おお》きな声《こえ》で叫《さけ》ぶと、一発《いっぱつ》ギャグに聞《き》こえなくもありません。

- ウッカリカサゴ
- ウルワシアデガエル
- オモイガケナマイマイ

オモイガケナい出会い
わぁ～こんなところに!!

空《そら》飛《と》ぶイカがいる

イカには100匹《ぴき》くらいの大群《たいぐん》で、50m も飛《と》ぶものがいます。スルメイカの一種《いっしゅ》であるトビイカは、危険《きけん》を感《かん》じると海《うみ》の中《なか》から勢《いきお》いよく空中《くうちゅう》にジャンプします。でも本《ほん》当《とう》にすごいのは、その後《あと》です。

なんと、**体《からだ》にためた海水《かいすい》をジェット噴射《ふんしゃ》して空中《くうちゅう》で加速《かそく》**。さらに大《おお》きく発達《はったつ》したヒレと、薄《うす》い膜《まく》がはった足《あし》を扇子《せんす》のように広《ひろ》げて翼《つばさ》を作《つく》り、**空中《くうちゅう》を20〜50m 飛《と》ぶ**のです。

最後《さいご》に着水《ちゃくすい》するときは、ヒレと足《あし》を瞬時《しゅんじ》にたたんで、衝撃《しょうげき》を最小限《さいしょうげん》におさえます。まるでプロ水泳選手《すいえいせんしゅ》のバタフライのように計算《けいさん》された動《うご》きにほれぼれとしますが、何回《なんかい》も飛《と》ぶとめちゃくちゃ鳥《とり》に食《た》べられます。

意外《いがい》なカンケイ

トビイカは、肉厚《にくあつ》で料理《りょうり》するとおいしい。沖縄《おきなわ》では秋《あき》の訪《おとず》れを告《つ》げる味《あじ》

カタツムリをあやつり鳥《とり》に食《た》べさせる寄生虫《きせいちゅう》がいる

うんこだー♪
ヒヒヒ
おっ

やばい

カタツムリの悲劇《ひげき》は、鳥《とり》のうんこを食《た》べてしまうところから始《はじ》まります。そのうんこに、ロイコクロリジウムという寄生虫《きせいちゅう》の卵《たまご》が入《はい》っていたら、おしまいです。

卵《たまご》からかえった幼虫《ようちゅう》は、カタツムリの体内《たいない》で100匹《ぴき》ほどに増《ふ》えます。そして触角《しょっかく》に集《あつ》まると、勝手《かって》にド派《は》手《で》な色《いろ》にカラーリング。さらに、**明《あか》るい葉《は》の上《うえ》にカタツムリを移動《いどう》させる**など、目立《めだ》ちまくる行動《こうどう》をして、鳥《とり》に食《た》べさせるのです。

こうしてカタツムリとともに鳥《とり》に食《た》べられた寄生虫《きせいちゅう》は、鳥《とり》の腸《ちょう》から栄《えい》養《よう》をもらって成虫《せいちゅう》になります。その後《ご》、卵《たまご》を産《う》んで、ふたたびうんことともに地上《ちじょう》に舞《ま》い降《お》りるのです。

衝撃《しょうげき》の事実《じじつ》！

アリを体内《たいない》から操作《そうさ》して草《くさ》の先《さき》にかみつかせ、ウシに食《た》べさせる寄生虫《きせいちゅう》もいる

キャベツはハチを用《よう》心《じん》棒《ぼう》にやとう

ずっと黙《だま》って食《た》べられていると思《おも》ったら、大間違《おおまちが》いです。

モンシロチョウやコガナの幼虫《ようちゅう》（アオムシ）は、キャベツの葉《は》が大好物《だいこうぶつ》。たった一晩《ひとばん》で葉《は》を穴《あな》だらけにしてしまいます。しかし、キャベツにも秘策《ひさく》があります。アオムシに葉《は》を食《た》べられると、**特別《とくべつ》なガスを出《だ》すのです。そのにおいにつられてやってくるのが、寄生《きせい》バチ**です。

寄生《きせい》バチは、アオムシに卵《たまご》を産《う》みつけるハチです。ハチの卵《たまご》は、アオムシの体内《たいない》でかえります。そしてハチの幼虫《ようちゅう》は、アオムシの体《からだ》の中《なか》からアオムシを食《た》べてしまいます。つまりキャベツは、寄生《きせい》バチにアオムシの居場所《いばしょ》を教《おし》え、卵《たまご》を産《う》みつけさせ

来《き》たぜ!
プシュー

すごい

ることで、自分《じぶん》の身《み》を守《まも》っているのです。

さらにキャベツは、モンシロチョウやコナガなど、葉《は》を食《た》べるアオムシの種類《しゅるい》によって、ガスのにおいを変《か》えています。こうして、そのアオムシに合《あ》った寄生《きせい》バチを呼《よ》び寄《よ》せているのです。キャベツさんにあやまるなら、今《いま》のうちです。

こんな生物《せいぶつ》も会話《かいわ》する

雨《あめ》が降《ふ》った後《あと》、キノコが土《つち》の中《なか》に張《は》りめぐらす「菌糸《きんし》」のネットワークを使《つか》って、電《でん》気《き》でやりとりしている可能《かのう》性《せい》を示《しめ》す論文《ろんぶん》も発表《はっぴょう》されています。自然《しぜん》の中《なか》でシグナルを送《おく》り合《あ》うのは動物《どうぶつ》や植物《しょくぶつ》だけではないのかも。

もっと知《し》りたい!

キャベツは江戸時代《えどじだい》に観賞用《かんしょうよう》としてオランダから日本《にほん》にもたらされた

ニワトリに尻尾《しっぽ》をつけると恐竜《きょうりゅう》のように歩《ある》く

ふしぎ

鳥《とり》は、恐竜《きょうりゅう》の生《い》き残《のこ》りです。大《おお》昔《むかし》、羽《う》毛《もう》恐竜《きょうりゅう》という羽《は》根《ね》の生《は》えた恐竜《きょうりゅう》がいました。その一《いち》部《ぶ》が、生《い》き残《のこ》って進化《しんか》して、今《いま》の鳥類《ちょうるい》が生《う》まれたと考《かん》えられています。

それならば、「鳥《とり》を恐竜《きょうりゅう》と同《おな》じような体《からだ》つきにすれば、恐竜《きょうりゅう》と同《おな》じように歩《ある》くのでは？」と考《かん》えた研究者《けんきゅうしゃ》がいました。そして実行《じっこう》します。**ニワトリのお尻《しり》に、木《き》の棒《ぼう》と重《おも》しで作《つく》った人工《じんこう》の尻尾《しっぽ》をくっつけた**のです。

結果《けっか》、ニワトリはバランスをとるために、首《くび》を前《まえ》に長《なが》く伸《の》ばして前傾《ぜんけい》姿勢《しせい》で歩《ある》くようになりました。これは古生物学者《こせいぶつがくしゃ》の考《かん》えていた恐竜《きょうりゅう》の歩《ある》き方《かた》と同《おな》じだったそう。ネットに動《どう》画《が》があるので、探《さが》してみてください。

衝撃《しょうげき》の事実《じじつ》！

ハーバード大学《だいがく》では、ニワトリの進化《しんか》を逆戻《ぎゃくもど》りさせて恐竜《きょうりゅう》を生《う》み出《だ》す実験《じっけん》がある

ヘリコプターと同《おな》じくらいうるさいセミがいる

ブレヴィサナ・ブレヴィスというセミです。アフリカにいるこのセミは、世界《せかい》でいちばんうるさい昆虫《こんちゅう》として知《し》られています。**その鳴《な》き声《ごえ》の大《おお》きさは、約《やく》107デシベル（dB）**※。これは、ヘリコプターのプロペラの回転音《かいてんおん》と、同《おな》じくらいのうるささです。

　小《ちい》さなセミがこれほど大《おお》きな音《おと》を出《だ》せるのは、お腹《なか》の中《なか》がからっぽだから。セミのお腹《なか》には「発音筋《はつおんきん》」という、柱《はしら》のような筋肉《きんにく》が2つあって、これを震《ふる》わせて音《おと》を出《だ》します。

　さらに、お腹《なか》の空洞《くうどう》にある空気《くうき》全《ぜん》体《たい》を震《ふる》わせることで、音《おと》を大《おお》きくしているのです。アコースティックギターの音《おと》が響《ひび》くのと同《おな》じ仕組《しく》みです。

※音《おと》の大《おお》きさを表《あらわ》す単位《たんい》

意外《いがい》なカンケイ

セミにヘリウムガスを吸《す》わせると、人間《にんげん》と同《おな》じく鳴《な》き声《ごえ》が高《たか》くなる

アマツバメは空中《くうちゅう》で落下《らっか》しながら眠《ねむ》る

なんと10か月間《げっかん》、一度《いちど》も着地《ちゃくち》せずに飛《と》び続《つづ》けたという記録《きろく》も残《のこ》っています。

ヨーロッパアマツバメは、季節《きせつ》によってヨーロッパとアフリカを行《い》き来《き》する渡《わた》り鳥《どり》です。渡《わた》りは、ノンストップで行《おこな》われ、食《た》べるのも眠《ねむ》るのも空《そら》の上《うえ》。**上昇気流《じょうしょうきりゅう》を利用《りよう》して、高度《こうど》2000mくらいまで上《あ》がり、そこから落《お》ちながら眠《ねむ》ります**。落下時《らっかじ》間《かん》はわずか3秒《びょう》ほど。これを何回《なんかい》もくり返《かえ》して睡眠《すいみん》をとります。

地上《ちじょう》に降《お》りてくるのは、子《こ》どもを作《つく》るときだけです。飛《と》び続《つづ》けることで、ほかの鳥《とり》や獣《けもの》から、ねらわれにくいという利点《りてん》があります。ただし、寝《ね》すごしたら確実《かくじつ》に死《し》にます。

もっと知《し》りたい！

アマツバメの飛行距離《ひこうきょり》は1日平均《にちへいきん》800km。一生《いっしょう》で地球《ちきゅう》30周分以上《しゅうぶんいじょう》飛《と》ぶ

チンパンジーは毎日《まいにち》新《あたら》しいベッドを作《つく》って眠《ねむ》る

チンパンジーは、寝心地《ねごこち》にこだわる動物《どうぶつ》です。5歳《さい》ごろから親《おや》のまねをして、毎日《まいにち》、自分専用《じぶんせんよう》のベッドを作《つく》ります。平均寿命《へいきんじゅみょう》が40年《ねん》とすると、一生《いっしょう》に約《やく》1万《まん》3000個《こ》ものベッドを作《つく》るのです。

ベッドを作《つく》るのは、高《たか》さ5mほどの木《き》の上《うえ》です。丈夫《じょうぶ》な枝《えだ》を折《お》って組《く》み合《あ》わせて、**ドーナツのような形《かたち》のベッドを作《つく》ります**。チンパンジーによってすばやく作《つく》れるタイプ、葉《は》っぱ多《おお》めが好《す》きなタイプ、いろいろな材料《ざいりょう》を試《ため》すタイプなど、こだわりが違《ちが》うこともわかっています。

寝心地《ねごこち》はとてもいいようで、1日《にち》に10時間以上《じかんいじょう》も眠《ねむ》ります。ある意味《いみ》、現代人《げんだいじん》より人間的《にんげんてき》な生活《せいかつ》です。

もっと知《し》りたい！

チンパンジーのベッドからヒントを得《え》て作《つく》られた、人間用《にんげんよう》のベッドがある

＋もっと知《し》りたい

生《い》き物《もの》たちのこだわりの睡《すい》眠《みん》

生《い》き物《もの》の「眠《ねむ》り方《かた》」を調《しら》べると、それぞれの生《い》き物《もの》の生存戦略《せいぞんせんりゃく》（生《い》き残《のこ》るための作戦《さくせん》）が見《み》えてきます。

立《た》ったまま眠《ねむ》る

ウマ、ウシ、ヒツジ

体《からだ》が大きな草食動物《そうしょくどうぶつ》は、横《よこ》にならず立《た》ったまま眠《ねむ》ります。肉食動物《にくしょくどうぶつ》にいきなりおそわれても、すぐに逃《に》げられるようにしているのです。

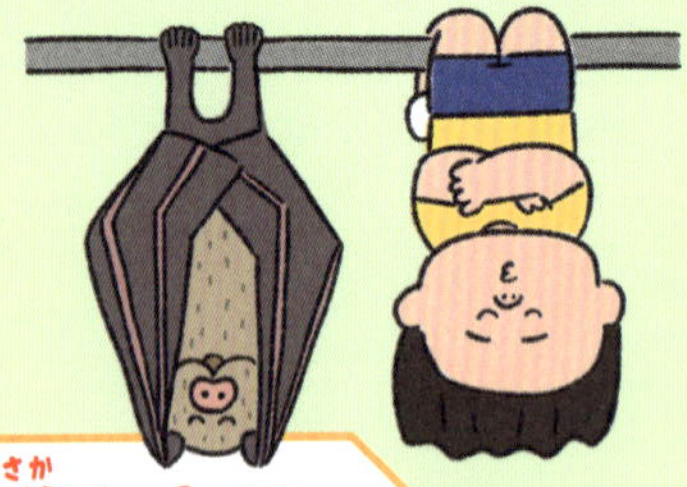

逆《さか》さまで眠《ねむ》る

コウモリ

起《お》きているときも寝《ね》ているときも逆《さか》さまです。天井《てんじょう》にぶら下《さ》がっていれば、地上《ちじょう》から飛《と》び立《た》つよりも、少《すく》ない力《ちから》で飛《と》べます。地上《ちじょう》の敵《てき》におそわれる心配《しんぱい》もありません。

泳《およ》ぎながら 眠《ねむ》る
マグロやカツオ

泳《およ》ぐのをやめると死《し》ぬため、泳《およ》ぎながら眠《ねむ》ります。自力《じりき》でエラを動《うご》かせず、泳《およ》いでいないと酸素《さんそ》をふくんだ海水《かいすい》を体《からだ》に取《と》りこめないので、窒息《ちっそく》してしまうのです。

少《すこ》しだけ 眠《ねむ》る
ハキリアリ

15分《ふん》おきに2〜3分《ぷん》だけ眠《ねむ》ります。短《みじか》い睡眠《すいみん》をくり返《かえ》して24時間《じかん》はたらき続《つづ》けることで、巨大《きょだい》なコロニー（女王《じょおう》が子《こ》を産《う》む巣《す》）を作《つく》り、たくさんの子孫《しそん》を残《のこ》します。

ず〜っと 眠《ねむ》る
コアラ

主食《しゅしょく》のユーカリの葉《は》は、栄養《えいよう》が少《すく》なく、さらに毒《どく》もあります。解毒《げどく》して消化《しょうか》するのに時間《じかん》がかかるのと、体力《たいりょく》の消費《しょうひ》を抑《おさ》えるために、コアラは1日《にち》20時間近《じかんちか》く眠《ねむ》ります。

半分《はんぶん》ずつ 眠《ねむ》る
イルカ

定期的《ていきてき》に水面《すいめん》に上《あ》がって息《いき》をしなければならず、完全《かんぜん》に眠《ねむ》ることはできません。そこでずっと起《お》きていられるように、右脳《うのう》と左脳《さのう》を半分《はんぶん》ずつ交代《こうたい》で眠《ねむ》らせています。

地面《じめん》の下《した》に咲《さ》く花《はな》がある

花《はな》の役目《やくめ》は、虫《むし》をおびき寄《よ》せることです。目立《めだ》つ色《いろ》で、蜜《みつ》があることを知《し》らせます。そしてやってきた虫《むし》に花粉《かふん》をつけて、受粉《じゅふん》の手伝《てつだ》いをしてもらうのです。

ところが1928年《ねん》、オーストラリアの農家《のうか》が、畑《はたけ》の下《した》から謎《なぞ》の花《はな》を発見《はっけん》します。「リザンテラ」というこのランの仲間《なかま》は、なんと地中《ちちゅう》で花《はな》を咲《さ》かせることがわかりました。

リザンテラは光合成《こうごうせい》ではなく、地《ち》中《ちゅう》にいる菌《きん》から栄養《えいよう》をもらって生《い》きています。なぜ、目立《めだ》たない地中《ちちゅう》で花《はな》を咲《さ》かせるのかはわかっていません。一説《いっせつ》には、ハエがキノコと勘違《かんちが》いして卵《たまご》を産《う》みつけ、そのときに花《か》粉《ふん》を運《はこ》んでいると言《い》われています。

衝撃《しょうげき》の事実《じじつ》！

リザンテラは発見《はっけん》が難《むずか》しく、一時期《いちじき》100ドルの賞金《しょうきん》がかけられていた

ふしぎ

見《み》つからないように石《いし》の色《いろ》になったユリがある

中《ちゅう》国《ごく》の高地《こうち》に生《は》える「バイモ」というユリの一種《いっしゅ》です。

このユリは本来《ほんらい》、黄色《きいろ》の花《はな》を咲《さ》かせ、茎《くき》や葉《は》も緑色《みどりいろ》をしています。ところが最近《さいきん》になって、**花《はな》も葉《は》も茎《くき》も、全部《ぜんぶ》がまわりの石《いし》と同《おな》じ、灰色《はいいろ》をしたバイモ**が発見《はっけん》されました。

バイモの球根《きゅうこん》は、のどや肺《はい》の病気《びょうき》に効《き》く薬《くすり》になるとされ、古《ふる》くから地《じ》元《もと》の人間《にんげん》たちにつまれてきました。

その結果《けっか》、明《あか》るく目立《めだ》つ花《はな》は絶滅《ぜつめつ》しました。一方《いっぽう》で、たまたま地味《じみ》な色《いろ》に生《う》まれた花《はな》は生《い》きのびました。

これが何世代《なんせだい》にもわたってくり返《かえ》された末《すえ》に、石《いし》と見分《みわ》けがつかないくらい目立《めだ》たない色《いろ》のユリになったと考《かんが》えられています。

衝撃《しょうげき》の事実《じじつ》！

ネコはユリの花粉《かふん》や花瓶《かびん》の水《みず》を飲《の》むだけで中毒《ちゅうどく》になる。花《はな》を食《た》べると死《し》ぬ

マグロが赤《あか》くて マダイが白《しろ》いのは 泳《およ》ぎ方《かた》の違《ちが》い

なるほど

ビュンッ
ユラユラ

寿《す》司《し》や刺《さ》し身《み》を見《み》るとわかるように、魚《さかな》には赤身《あかみ》と白身《しろみ》があります。**この色《いろ》の違《ちが》いは「色素《しきそ》たんぱく質《しつ》」の量《りょう》で決《き》まります。**多《おお》いと赤《あか》く、少《すく》ないと白《しろ》くなるのです。

ではなぜ、色素《しきそ》たんぱく質《しつ》の量《りょう》が魚《さかな》によって違《ちが》うのでしょうか。それは泳《およ》ぎ方《かた》が違《ちが》うからなのです。

色素《しきそ》たんぱく質《しつ》には、酸素《さんそ》を貯《た》めたり運《はこ》んだりする役割《やくわり》があります。マグロやカツオなどの回遊魚《かいゆうぎょ》は、ずっと高速《こうそく》で泳《およ》いでいます。酸素《さんそ》を多《おお》く使《つか》うので、大量《たいりょう》の色素《しきそ》たんぱく質《しつ》が必要《ひつよう》です。一方《いっぽう》、タイやヒラメが速《はや》く動《うご》くのは、食《た》べたり逃《に》げたりするときだけ。色素《しきそ》たんぱく質《しつ》が少量《しょうりょう》でも問題《もんだい》ないので、白《しろ》いのです。

意外《いがい》なカンケイ

サケは白身魚《しろみざかな》。赤《あか》いのは食《た》べ物《もの》のオキアミや甲殻類《こうかくるい》の色素《しきそ》がうつるため

ウサギにはいるうんこといらないうんこがある

うんこはうんこでも、役《やく》に立《た》つうんこもあるんです。
ウサギは2種類《しゅるい》のうんこをします。1つは硬糞《こうふん》。硬《かた》くてコロコロした玉《たま》のようなうんこです。もう1つは盲《もう》腸糞《ちょうふん》。こちらは柔《やわ》らかくて、納豆《なっとう》のようにネバネバしています。**ウサギは、柔《やわ》らかい盲腸糞《もうちょうふん》を食《た》べます。**しかもお尻《しり》の穴《あな》に口《くち》をつけて、直食《じかぐ》いするほど大好《だいす》きです。
ウサギが食《た》べた植物《しょくぶつ》は、盲腸《もうちょう》にいる微生物《びせいぶつ》が分解《ぶんかい》して栄養《えいよう》になります。しかし、1回《かい》の消化《しょうか》では十分《じゅうぶん》に分解《ぶんかい》できません。そのため分解途中《ぶんかいとちゅう》のものを盲腸糞《もうちょうふん》として一度外《いちどそと》に出《だ》し、それをふたたび食《た》べます。こうして、より多《おお》くの栄養《えいよう》を吸収《きゅうしゅう》しているのです。

意外《いがい》なカンケイ

牧草《ぼくそう》など硬《かた》い物《もの》をかじらないと、ウサギの歯《は》は一生《いっしょう》伸《の》び続《つづ》けて自分《じぶん》を傷《きず》つける

カエルの冬《とう》眠《みん》は命《いのち》がけすぎる

アメリカアカガエルは、冬《ふゆ》に一《いち》度《ど》死《し》にます。心臓《しんぞう》も肺《はい》も脳《のう》も、石《いし》のようにカチカチに凍《こお》って、完全《かんぜん》に動《うご》かなくなるのです。

しかし驚《おどろ》くことに、春《はる》になると復《ふっ》活《かつ》して動《うご》き出《だ》します。復活《ふっかつ》できるのは体液《たいえき》が凍《こお》らないから。肝臓《かんぞう》が糖《とう》を大量《たいりょう》に作《つく》ることで、体液《たいえき》だけが固《かた》まらないようにできるのです。

すごい能力《のうりょく》ですが、それでも冬眠《とうみん》は命《いのち》がけです。**気温《きおん》が十分《じゅうぶん》に下《さ》がらないと、動《うご》くことも眠《ねむ》ることもできずに餓死《がし》**します。食《た》べ物《もの》を食《た》べても内臓《ないぞう》が動《うご》かず、体内《たいない》で腐《くさ》って死《し》ぬこともあります。さらに水分《すいぶん》を取《と》りすぎると完全《かんぜん》に凍《こお》って死《し》にます。中途《ちゅうと》半端《はんぱ》な寒《さむ》さには、めっぽう弱《よわ》いのです。

衝撃《しょうげき》の事実《じじつ》！

神経細胞《しんけいさいぼう》を刺激《しげき》して人間《にんげん》を冬眠《とうみん》させる「人工冬眠《じんこうとうみん》」の研究《けんきゅう》がされている

イカとタコは貝《かい》から進化《しんか》した

なるほど

カイ16世《せい》
先祖《せんぞ》
先祖《せんぞ》
思《おも》ってたんだよねぇ
ぼくらってな〜んか似《に》てると…

イカとタコの先祖《せんぞ》は、同《おな》じ生《い》き物《もの》です。それは貝《かい》です。大昔《おおむかし》は、アワビのように岩《いわ》にはりついていました。約《やく》5億年前《おくねんまえ》のカンブリア紀《き》になると、自由《じゆう》に海《うみ》を泳《およ》ぐようになり、体《からだ》の形《かたち》も泳《およ》ぎやすいように細長《ほそなが》くなっていきます。

それから長《なが》い間《あいだ》、イカとタコの祖先《そせん》は、**とんがり帽子《ぼうし》のような細長《ほそなが》い殻《から》で身《み》を守《まも》りながら、三葉虫《さんようちゅう》などを食《た》べて生《い》きていました。**しかし恐竜《きょうりゅう》の時代《じだい》になると、状況《じょうきょう》は一変《いっぺん》。魚竜《ぎょりゅう》やモササウルスにおそわれ、殻《から》ごとバリバリと食《た》べられてしまいます。

そこで殻《から》を捨《す》てて、より速《はや》く海《うみ》の中《なか》を泳《およ》げるように進化《しんか》。こうして殻《から》のないイカやタコの姿《すがた》になりました。

意外《いがい》なカンケイ

イカとタコに分《わ》かれる前《まえ》の姿《すがた》をしたコウモリダコが今《いま》も深海《しんかい》にいる

カモノハシは約《やく》100年《ねん》いなかったことにされた

ぼく…いるよ…
カモ？
ハシ？

なるほど

1789年《ねん》に、初《はじ》めてカモノハシのはく製《せい》を見《み》たヨーロッパの学者《がくしゃ》たちは、苦笑《くしょう》しました。姿《すがた》があまりにも奇妙《きみょう》で、**「ビーバーの体《からだ》にカモのくちばしを縫《ぬ》い合《あ》わせた作《つく》り物《もの》だ」と考《かんが》えた**からです。

実際《じっさい》にカモノハシは、水鳥《みずどり》のようなくちばしと水《みず》かき、獣《けもの》のような体《からだ》と尾《お》、卵《たまご》を産《う》むのにお乳《ちち》で子《こ》どもを育《そだ》てるなど、さまざまな種類《しゅるい》の生《い》き物《もの》の特徴《とくちょう》をあわせ持《も》っています。

また、オーストラリアにしか生息《せいそく》しておらず、当時《とうじ》生《い》きているカモノハシを見《み》たヨーロッパ人《じん》は、一人《ひとり》もいませんでした。

その後《ご》、1世紀《せいき》近《ちか》い時間《じかん》をかけ、ようやく存在《そんざい》が認《みと》められたのです。

もっと知《し》りたい！

オスの後《うし》ろ足《あし》には長《なが》さ15㎜ほどの蹴爪《けづめ》があり、刺《さ》すと同時《どうじ》に毒《どく》を出《だ》す

フンコロガシは天《あま》の川《がわ》を目《め》印《じるし》に動《うご》く

フンコロガシは、動物《どうぶつ》のうんこを丸《まる》めると、遠《とお》くまで運《はこ》んでこれを食《た》べます。フンを運《はこ》ぶときは、逆《さか》立《だ》ちの姿勢《しせい》になり、足《あし》でけって運《はこ》びます。前《まえ》が見《み》えないのに、どうして真《ま》っすぐ進《すす》めるのか、長年《ながねん》謎《なぞ》とされてきました。

しかし最近《さいきん》の研究《けんきゅう》で、フンコロガシが天《あま》の川《がわ》を目《め》印《じるし》にしていることがわかりました。

フンコロガシは、ときどき丸《まる》めたフンの上《うえ》に登《のぼ》って、ダンスのような動《うご》きをします。こうして夜空《よぞら》の星《ほし》の位置《いち》を確認《かくにん》して、進《すす》む方向《ほうこう》を決《き》めていたのです。また、星《ほし》の見《み》えない昼《ひる》間《ま》は、太陽《たいよう》の位置《いち》を見《み》て進《すす》む方向《ほうこう》を決《き》めていることもわかっています。

衝撃《しょうげき》の事《じ》実《じつ》！

8000種《しゅ》以《い》上《じょう》いるフンコロガシのうちフンを転《ころ》がすのは約《やく》600種《しゅ》だけ

ミステリーサークルを作《つく》るフグがいる

ふしぎ

ミステリーサークルを知《し》っていますか？　畑《はたけ》の作物《さくもつ》がたおされて、巨大《きょだい》な○や△などの模様《もよう》が描《えが》かれる超常現象《ちょうじょうげんしょう》です。風《かぜ》やプラズマ、宇宙人《うちゅうじん》の仕業《しわざ》とも言《い》われます。

しかし海底《かいてい》にミステリーサークルがあったら、それはフグの仕業《しわざ》です。

アマミホシゾラフグのオスは、メスが卵《たまご》を産《う》むための巣《す》を海底《かいてい》に作《つく》ります。全長《ぜんちょう》10㎝ほどの小《ちい》さな体《からだ》で、**モグラのように海底《かいてい》の砂《すな》を掘《ほ》り、直径《ちょっけい》2ｍもあるサークルを描《えが》きます。**

巣作《すづく》りが終《お》われば、あとはメスを迎《むか》えるだけ。サークルの完成度《かんせいど》によって、行列《ぎょうれつ》ができるほどモテるオスもいれば、まったくメスが寄《よ》りつかないオスもいます。

もっと知《し》りたい！

サークルの土手《どて》の部分《ぶぶん》をたくさんの貝殻《かいがら》で飾《かざ》りつけるオスもいる

動《どう》物《ぶつ》も花《か》粉《ふん》症《しょう》になる

愛《あい》犬《けん》や愛猫《あいびょう》が、ひんぱんに目《め》をこすったり、体《からだ》をなめたりしていないでしょうか。もしかすると、それは花粉症《かふんしょう》かもしれません。

花粉症《かふんしょう》は、植物《しょくぶつ》の花粉《かふん》が体《からだ》の中《なか》に入《はい》って、免疫《めんえき》が暴走《ぼうそう》することで引《ひ》き起《お》こされます。免疫《めんえき》とは、異物《いぶつ》を追《お》い出《だ》して体《からだ》を守《まも》ろうとするシステムのこと。それが「ウイルスみたいな悪《わる》いやつがおそってきた！」と勘違《かんちが》いして、花粉《かふん》を攻撃《こうげき》します。その結果《けっか》、くしゃみや鼻水《はなみず》が出《で》たり、目《め》がかゆくなったりするのです。

免疫《めんえき》システムは人《ひと》も動物《どうぶつ》も同《おな》じなので、動物《どうぶつ》も花粉症《かふんしょう》になります。動《どう》物《ぶつ》の場合《ばあい》、皮《ひ》ふ炎《えん》になることが多《おお》いため、気《き》になったら病院《びょういん》へGO《ゴー》です。

もっと知《し》りたい！

犬《いぬ》や猫《ねこ》が花粉症《かふんしょう》かどうかは、動物病院《どうぶつびょういん》で血液検査《けつえきけんさ》をすれば調《しら》べられる

＋もっと知《し》りたい

じつは人《ひと》と動《どう》物《ぶつ》似《に》ている

遺《い》伝《でん》子《し》（体《からだ》の設《せっ》計《けい》図《ず》）だけ見《み》れば、人《ひと》とネコは90％同《おな》じという研《けん》究《きゅう》結《けっ》果《か》があります。さらにウシとは80％、ニワトリとも60％は同《おな》じだと言《い》います。人《にん》間《げん》と動《どう》物《ぶつ》が似《に》ている部《ぶ》分《ぶん》は、ほかにもたくさんあります。

ザトウクジラの90％は右《みぎ》利《き》き

動《どう》物《ぶつ》にも利《き》き手《て》があります。ザトウクジラは狩《か》りをするとき、9割《わり》が右《みぎ》に回《まわ》って魚《さかな》の群《む》れを囲《かこ》みます。またゴリラは右《みぎ》利《き》き、カンガルーは左《ひだり》利《き》きが多《おお》いという調《ちょう》査《さ》結《けっ》果《か》もあります。

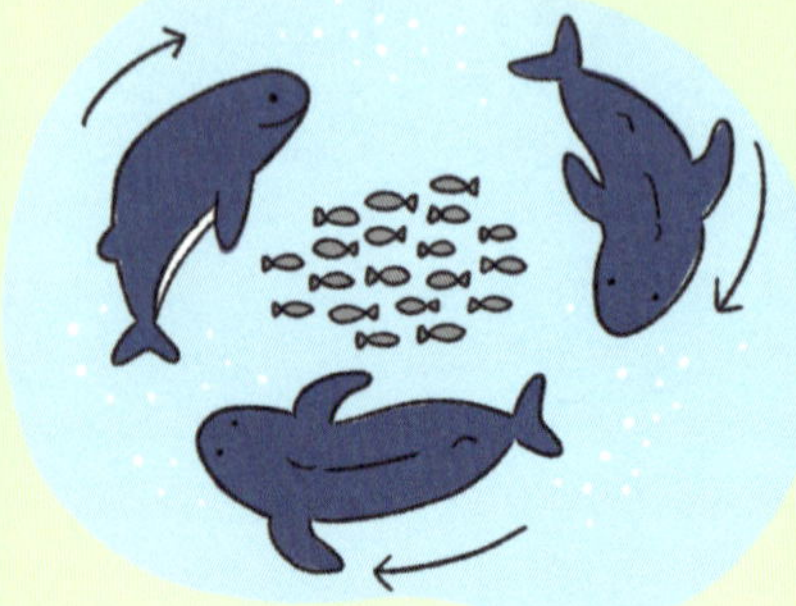

チンパンジーはうそをついて強《つよ》がる

チンパンジーは自《じ》分《ぶん》より立《たち》場《ば》が上《うえ》の仲《なか》間《ま》に愛《あい》想《そ》笑《わら》いをします。また、けんか相《あい》手《て》が後《うし》ろから来《き》たときは、弱《よわ》みを見《み》せないよう、口《くち》を閉《と》じて真《しん》剣《けん》な表《ひょう》情《じょう》に変《か》えてから振《ふ》り向《む》きます。

イヌはうれし涙《なみだ》を流《なが》す

ある実験《じっけん》で、飼《か》い主《ぬし》と長時間離《ちょうじかんはな》されたイヌは、短時間離《たんじかんはな》されたときより、飼《か》い主《ぬし》と再会《さいかい》したときの涙《なみだ》の量《りょう》が20%増《ふ》えることが確認《かくにん》されました。イヌも感情《かんじょう》が高《たか》ぶると泣《な》くのです。

ハチはボールで遊《あそ》ぶ

セイヨウオオマルハナバチは、木製《もくせい》のボールを与《あた》えると、報酬《ほうしゅう》がなくても動《うご》かす、つまりボールで遊《あそ》ぶことが確認《かくにん》されています。カラスやイルカも、遊《あそ》ぶのが大好《だいす》きです。

たのし～♪

カエルやカメにも血液型《けつえきがた》がある

チンパンジーはAとO、カエルとカメはB型《がた》です。ブタは90%がA型《がた》ですが、動物全体《どうぶつぜんたい》で見《み》るとほとんどがB型《がた》であることがわかっています。

同《おな》じB型《がた》だねー

ゾウはおばあさん優先《ゆうせん》

子育《こそだ》てを終《お》えたゾウのメスは、群《む》れのリーダーになって、移動《いどう》する方向《ほうこう》を決《き》めたり、娘《むすめ》の子育《こそだ》てを手伝《てつだ》ったりします。おばあさんの知恵《ちえ》と経験《けいけん》が次《つぎ》の世代《せだい》に伝《つた》えられていくのです。

こっちへ
行くよ!
はーい
おばあちゃーん

おまけ①

実験《じっけん》！新《あたら》しいアサガオを作《つく》ってみよう

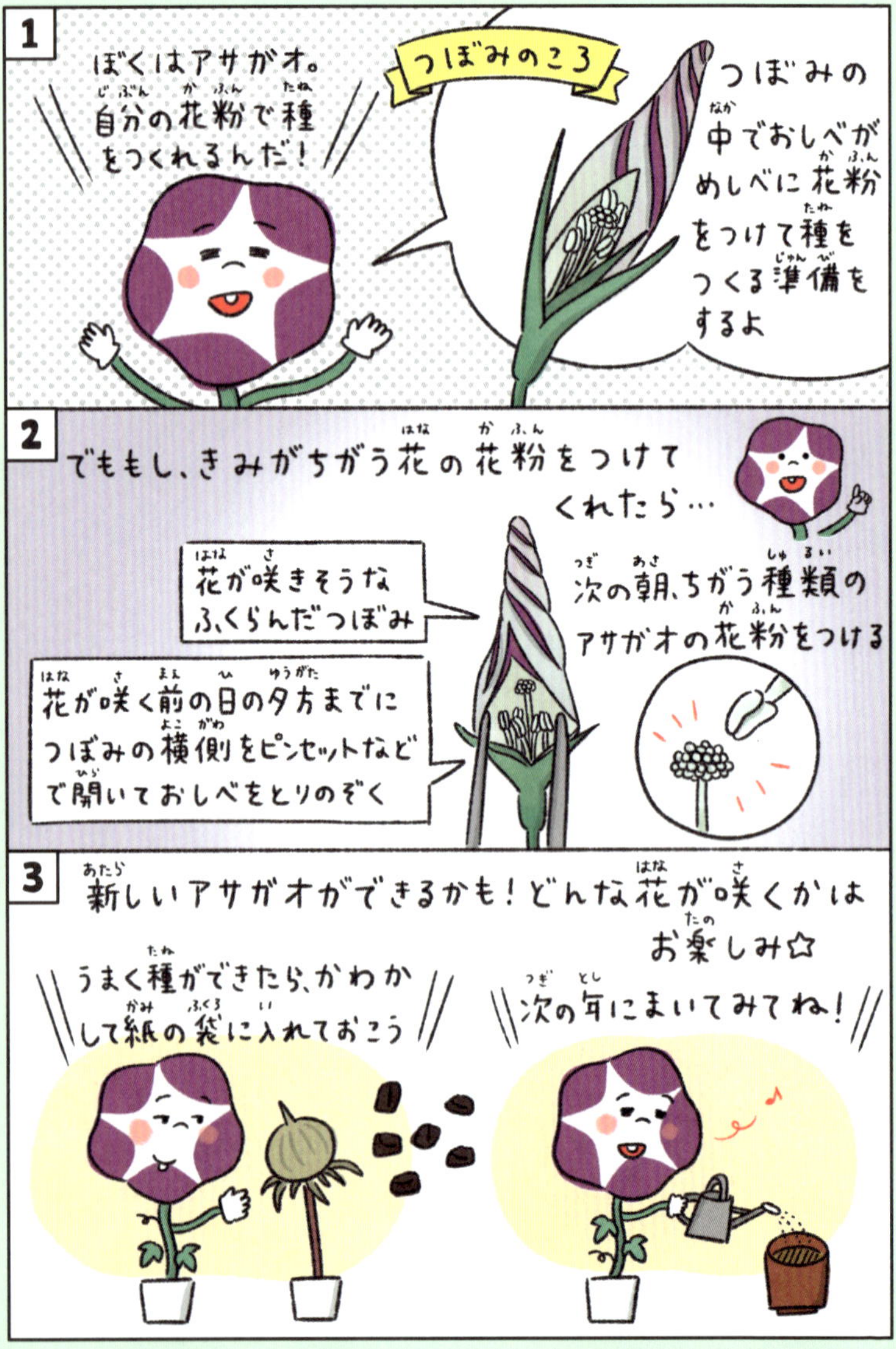

第《だい》2章《しょう》

知《し》れば知《し》るほど好《す》きになる体《からだ》のひみつ

血《ち》はじつはカラフル

びっくり

血《ち》には、体中《からだじゅう》に酸素《さんそ》や栄養《えいよう》を届《とど》ける役割《やくわり》があります。酸素《さんそ》を運《はこ》んでいるのは、血《ち》の中《なか》にあるヘモグロビンという物質《ぶっしつ》。これが赤《あか》いため、血《ち》は赤色《あかいろ》をしています。

ところが、血《ち》が赤《あか》くない生《い》き物《もの》もたくさんいます。たとえば**イカ、タコ、カニ、貝類《かいるい》の血《ち》は青色《あおいろ》**です。青《あお》いのは、ヘモグロビンではなく、ヘモシアニンという別《べつ》の物質《ぶっしつ》が、酸素《さんそ》を運《はこ》んでいるためです。

また、ホヤの一種《いっしゅ》は、血《ち》の中《なか》にバナジウムという金属《きんぞく》がふくまれており、緑色《みどりいろ》の血《ち》をしています。

さらにコオリウオは、進化《しんか》の段階《だんかい》でヘモグロビンを失《うしな》いました。そのため無色透明《むしょくとうめい》な血《ち》をしています。

衝撃《しょうげき》の事実《じじつ》！

クラゲ類《るい》は、体《からだ》の表面《ひょうめん》から直接酸素《ちょくせつさんそ》を取《と》りこめるため、血液自体《けつえきじたい》がない

血管《けっかん》の青《あお》筋《すじ》は本当《ほんとう》は灰色《はいいろ》

怒《いか》り狂《くる》うことを「青筋《あおすじ》を立《た》てる」と言《い》います。

腹《はら》を立《た》てると、頭《あたま》に血《ち》が上《のぼ》って、額《ひたい》の血管《けっかん》が浮《う》き出《で》たように見《み》えます。それが青《あお》い筋《すじ》に見《み》えることから、このような言葉《ことば》が生《う》まれました。

ところが最近《さいきん》の研究《けんきゅう》によって、青《あお》く見《み》える血管《けっかん》は、本当《ほんとう》は灰色《はいいろ》であることがわかりました。

灰色《はいいろ》なのに青《あお》く見《み》えるのは、目《め》の錯覚《さっかく》のせいです。たとえば、同《おな》じ灰《はい》色《いろ》のカードでも、黒《くろ》い背景《はいけい》の上《うえ》に置《お》くと白《しろ》っぽく見《み》えますが、白《しろ》い背景《はいけい》だと黒《くろ》っぽく見《み》えます。

それと同《おな》じで、血管《けっかん》の色《いろ》もまわりの肌《はだ》の色《いろ》に影響《えいきょう》されて、本当《ほんとう》は灰色《はいいろ》なのに青《あお》く見《み》えているのです。

意外《いがい》なカンケイ

メイクで鼻筋《はなすじ》を明《あか》るく、目元《めもと》を暗《くら》くするのも、目《め》の錯覚《さっかく》で立体感《りったいかん》を出《だ》している

人間《にんげん》の体《からだ》から900本《ぽん》のえんぴつや約《やく》7cmのくぎができる

人《ひと》の体《からだ》をふくむ全《すべ》ての物質《ぶっしつ》は、元素《げんそ》が集《あつ》まってできています。元素《げんそ》とは、これ以上《いじょう》分《わ》けられないくらい小《ちい》さい成分《せいぶん》のことです。**人体《じんたい》は、酸素《さんそ》、炭素《たんそ》、水素《すいそ》、窒素《ちっそ》、カルシウム、リンなどの元素《げんそ》に分《わ》けられます。**この6つで体《からだ》の98・5%ができていて、脂肪《しぼう》や骨《ほね》などが作《つく》られています。さらに、イオウを加《くわ》えるとたんぱく質《しつ》が、鉄《てつ》など微量《びりょう》の金《きん》属《ぞく》を加《くわ》えると血液《けつえき》ができます。

この元素《げんそ》で、どんな物《もの》が作《つく》れるでしょうか。たとえば、一人《ひとり》分《ぶん》の炭素《たんそ》で、900本《ぽん》のえんぴつができます。脂肪《しぼう》を集《あつ》めれば、75本《ほん》のろうそくができますし、リンを集《あつ》めれば、220本《ぽん》のマッチの火薬《かやく》ができます。そ

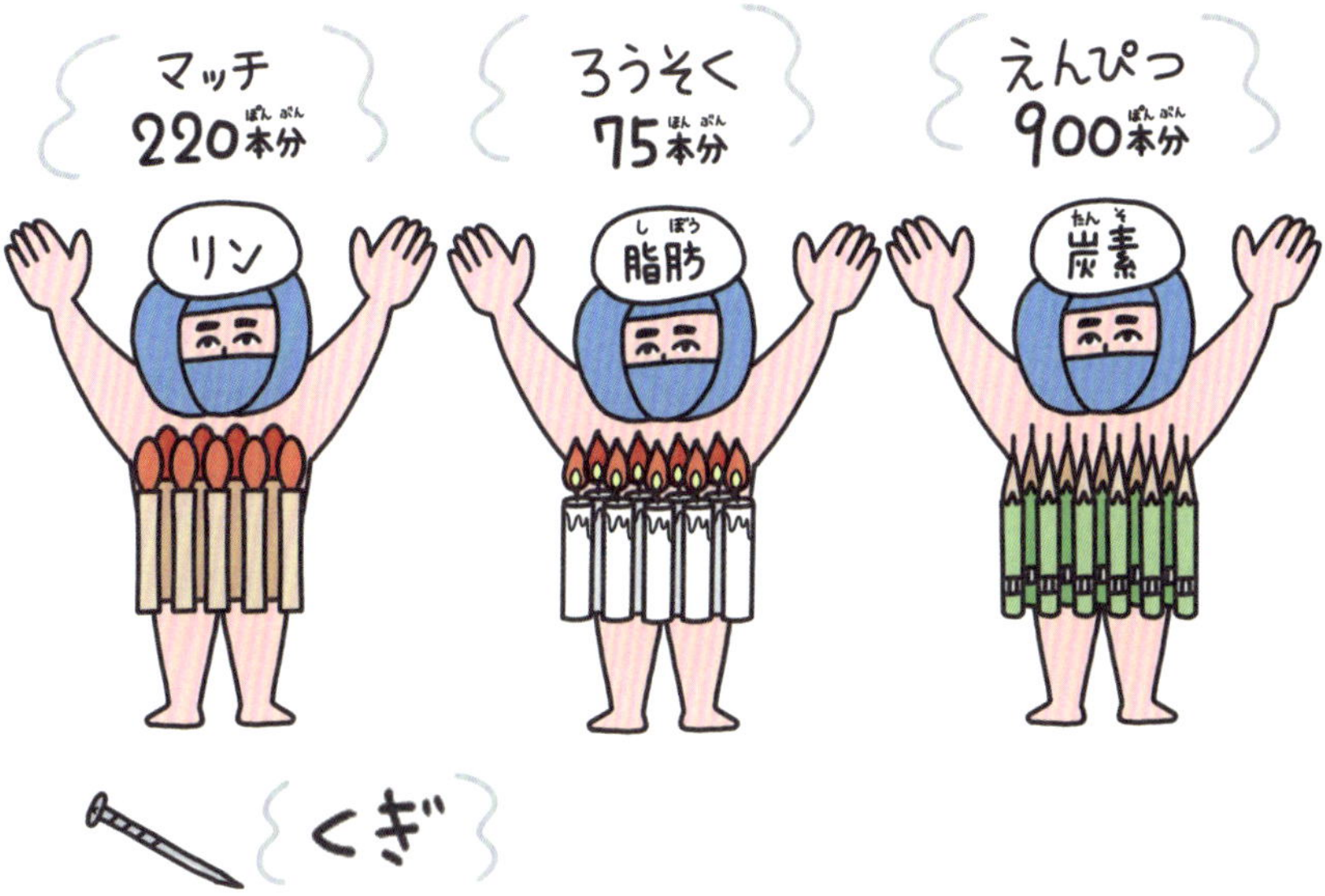
マッチ
220本分《ぽんぶん》
リン
ろうそく
75本分《ほんぶん》
脂肪《しぼう》
えんぴつ
900本分《ぽんぶん》
炭素《たんそ》
くぎ

して体中《からだじゅう》の鉄分《てつぶん》を集《あつ》めれば、長《なが》さ約《やく》7㎝のくぎができるのです。

体《からだ》の中《なか》にくぎがあると考《かんが》えるとおそろしいですが、実際《じっさい》は血液《けつえき》や臓器《ぞうき》に散《ち》らばっています。また、量《りょう》も体《からだ》全体《ぜんたい》の0・0001％程度《ていど》にすぎません。でも、わずかでも不足《ふそく》すると、めまいで立《た》っていられなくなるほど、鉄《てつ》は体《からだ》に欠《か》かせない元素《げんそ》なのです。

人間《にんげん》を作《つく》るのは？

人間《にんげん》の体《からだ》を作《つく》る元素《げんそ》のうち、欠《か》かせない16種類《しゅるい》の栄養素《えいようそ》を「ミネラル」と呼《よ》びます。中《なか》でも鉄《てつ》や亜鉛《あえん》、銅《どう》、マンガンなどは必要《ひつよう》な量《りょう》はちょっとだけれど、足《た》りないと生《い》きていけない大事《だいじ》な「微量元素《びりょうげんそ》」です。

もっと知《し》りたい！

鉄《てつ》は酸素《さんそ》と結《むす》びつくと赤《あか》くなる。赤血球《せっけっきゅう》には鉄《てつ》がふくまれるから血《ち》は赤《あか》い

両手《りょうて》の爪《つめ》は一生《いっしょう》のうち 25mプールより長《なが》く伸《の》びる

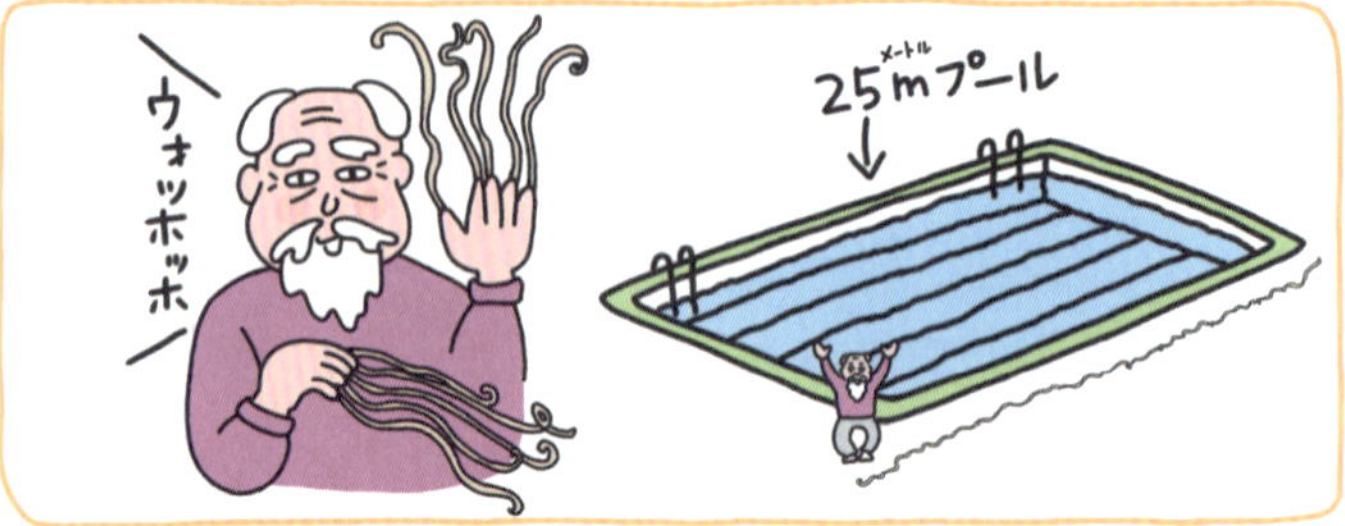

8月《がつ》1日《にち》 はれ

80才《さい》にして、生《う》まれて初《はじ》めて手《て》の爪《つめ》を切《き》った。

ためしに25m《メートル》プールの横《よこ》に並《なら》べたら… ワシの勝《か》ちじゃった！

ライオンは、鋭《するど》い爪《つめ》で獲物《えもの》をつかまえます。ウマは、ぶ厚《あつ》い爪《つめ》で地面《じめん》をけって走《はし》ります。

では人間《にんげん》の爪《つめ》は、何《なん》の役《やく》に立《た》っているのでしょうか。じつは、指先《ゆびさき》を守《まも》るだけでなく、物《もの》をつかんだり体《からだ》を支《ささ》えたりする役割《やくわり》があります。爪《つめ》がないと、指先《ゆびさき》に力《ちから》をこめられず、うまく走《はし》れないのです。

人間《にんげん》の爪《つめ》は、髪《かみ》の毛《け》と同《おな》じ成分《せいぶん》でできています。「ケラチン」というたんぱく質《しつ》が、硬《かた》く変化《へんか》して爪《つめ》になります。**手《て》だと1か月《げつ》に約《やく》3㎜、足《あし》だと約《やく》1・5㎜伸《の》びます**。

もしも、生《う》まれてから80歳《さい》まで、両手《りょうて》の爪《つめ》を伸《の》ばし続《つづ》けたとすると、その長《なが》さは合計《ごうけい》29mにもなります。

もっと知《し》りたい！

「世界一《せかいいち》両手《りょうて》の爪《つめ》の長《なが》い男性《だんせい》」のギネス世界記録《せかいきろく》は985㎝（アメリカ）

物《もの》がよく見《み》える範囲《はんい》はたったの1度《ど》

びっくり

写真《しゃしん》で撮《と》った風景《ふうけい》
人間《にんげん》の目《め》で見《み》ている風景《ふうけい》
1〜2度《ど》
35度《ど》

分《ぶん》度《ど》器《き》の目《め》盛《も》りで1度《ど》を測《はか》ってみましょう。とても小《ちい》さいですよね。わたしたちの目《め》は、それぐらいの範《はん》囲《い》でしか、物《もの》をよく見《み》ることができません。

人間《にんげん》の視野《しや》（見《み》える範《はん》囲《い》）は180度《ど》以上《いじょう》あります。でも**文字《もじ》や物《もの》の形《かたち》、色《いろ》などがはっきりわかるのは、視野《しや》の中心《ちゅうしん》からわずか1〜2度《ど》**の範《はん》囲《い》だけです。物《もの》の形《かたち》や色《いろ》が、なんとなくわかるのは、中心《ちゅうしん》から左右《さゆう》に35度《ど》の範《はん》囲《い》まで。その外側《そとがわ》になると、形《かたち》も色《いろ》もよくわかりません。

また、物《もの》がよく見《み》える範《はん》囲《い》は、移《い》動速度《どうそくど》が上《あ》がるとせまくなります。だから、自転車《じてんしゃ》のスピードの出《だ》しすぎはあぶないのです。

もっと知《し》りたい！

ヒツジの視野《しや》は270度《ど》、ウシが330度《ど》、アンゴラウサギは355度《ど》

人《ひと》には見《み》えない色《いろ》がある

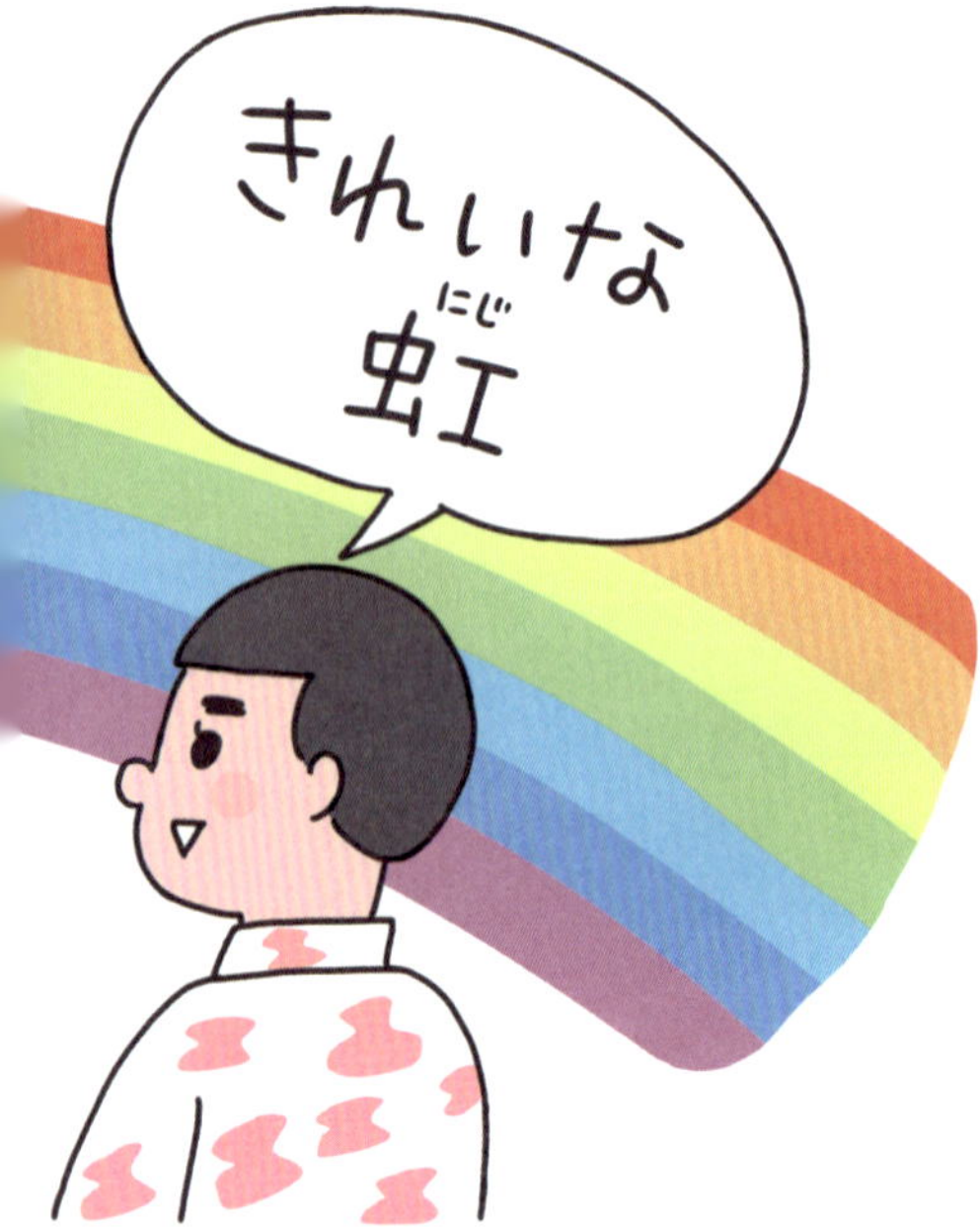

人《ひと》の目《め》には、赤《あか》、緑《みどり》、青《あお》の3つの光《ひかり》の色《いろ》を感《かん》じるセンサーがあります。物《もの》が反射《はんしゃ》した光《ひかり》をそのセンサーでとらえることで、様々《さまざま》な色《いろ》を見分《みわ》けているのです。

ところが人《ひと》の目《め》には見《み》えない光《ひかり》もあります。紫外線《しがいせん》や赤外線《せきがいせん》です。

たとえばアゲハチョウは、紫外線《しがいせん》を見《み》ることができます。紫外線《しがいせん》を当《あ》てると、花《はな》の蜜《みつ》は緑色《みどりいろ》に光《ひか》ります。だから人《ひと》にはわからなくても、チョウは蜜《みつ》のある花《はな》をすぐに見分《みわ》けることができます。

また、ヘビは赤外線《せきがいせん》を感知《かんち》できます。赤外線《せきがいせん》には、熱《ねつ》をまわりに伝《つた》える性質《せいしつ》があります。太陽《たいよう》だけでなく、じつは生《い》き物《もの》の体《からだ》からも、ごく弱《よわ》い

人間《にんげん》にはこれしか見《み》えないよ
ヘビは感《かん》じるよ
見《み》えない光《ひかり》（赤外線《せきがいせん》）
チョウには見《み》えるよ！
見《み》えない光《ひかり》（紫外線《しがいせん》）

赤外線《せきがいせん》が出《で》ているのです。

ヘビは、この体《からだ》から出《で》る赤外線《せきがいせん》を鼻《はな》の先《さき》にある「ピット器官《きかん》」でとらえることができます。そのため真《ま》っ暗闇《くらやみ》の中《なか》でも、獲物《えもの》のいる場所《ばしょ》を正確《せいかく》に知《し》ることができるのです。

もしも紫外線《しがいせん》や赤外線《せきがいせん》が見《み》えたら、空《そら》は紫《むらさき》、リンゴは緑《みどり》など、別世界《べっせかい》のような色《いろ》に見《み》えるのかもしれません。

赤外線《せきがいせん》はどこにある？

スマホのカメラは、人間《にんげん》の目《め》には見《み》えない赤外線《せきがいせん》を感《かん》じとることができます。ぜひカメラを起動《きどう》したスマホで、テレビのリモコンのボタンを押《お》してみてください。リモコンの先端《せんたん》が点滅《てんめつ》するはず。

もっと知《し》りたい！

紫外線《しがいせん》や赤外線《せきがいせん》だけでなく、X線《せん》や電波《でんぱ》も光《ひかり》の仲間《なかま》

脳《のう》は文字《もじ》を読《よ》むとき 空《くう》気《き》も読《よ》んでいる

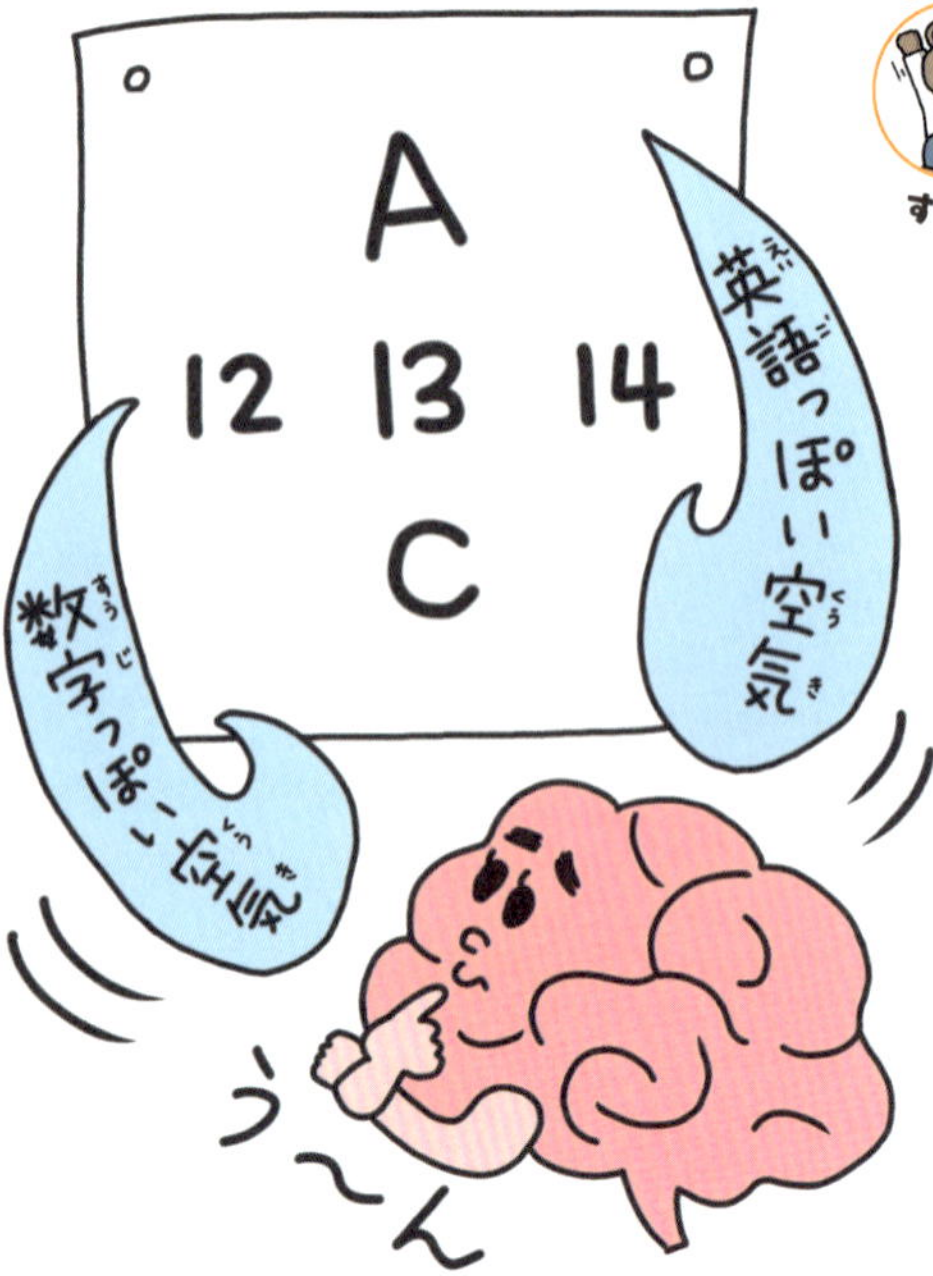

上《うえ》の四角《しかく》の真《ま》ん中《なか》にある文字《もじ》を読《よ》んでみてください。

アルファベットの「B」と読《よ》んだ人《ひと》もいれば、数字《すうじ》の「13」と読《よ》んだ人《ひと》もいるでしょう。

同《おな》じ形《かたち》なのに、上《うえ》から下《した》に読《よ》むとBに、左《ひだり》から右《みぎ》に読《よ》むと13に見《み》えてきます。**これを文脈効果《ぶんみゃくこうか》と言《い》います**。

文脈《ぶんみゃく》とは、文章《ぶんしょう》の内容《ないよう》や意味《いみ》のつながりのこと。脳《のう》は文字《もじ》を読《よ》むときに、前後《ぜんご》の意味《いみ》や内容《ないよう》のつながりをいつも意識《いしき》しています。「今《いま》までの話《はなし》の流《なが》れだと、これはこういう文字《もじ》（意味《いみ》）だな」と無意識《むいしき》に空気《くうき》を読《よ》んで、勝手《かって》に手直《てなお》ししているのです。

だから丈脈《ぶんみゃく》が違《ちが》うと、同《おな》じ文字《もじ》でも違《ちが》う形《かたち》や意味《いみ》に感《かん》じられます。

衝撃《しょうげき》の事実《じじつ》！

ところで上《うえ》の文章《ぶんしょう》には1つだけ間違《まちが》った文字《もじ》がある。見《み》つけられたかな？

脳《のう》はすぐ見《み》た目《め》に だまされる

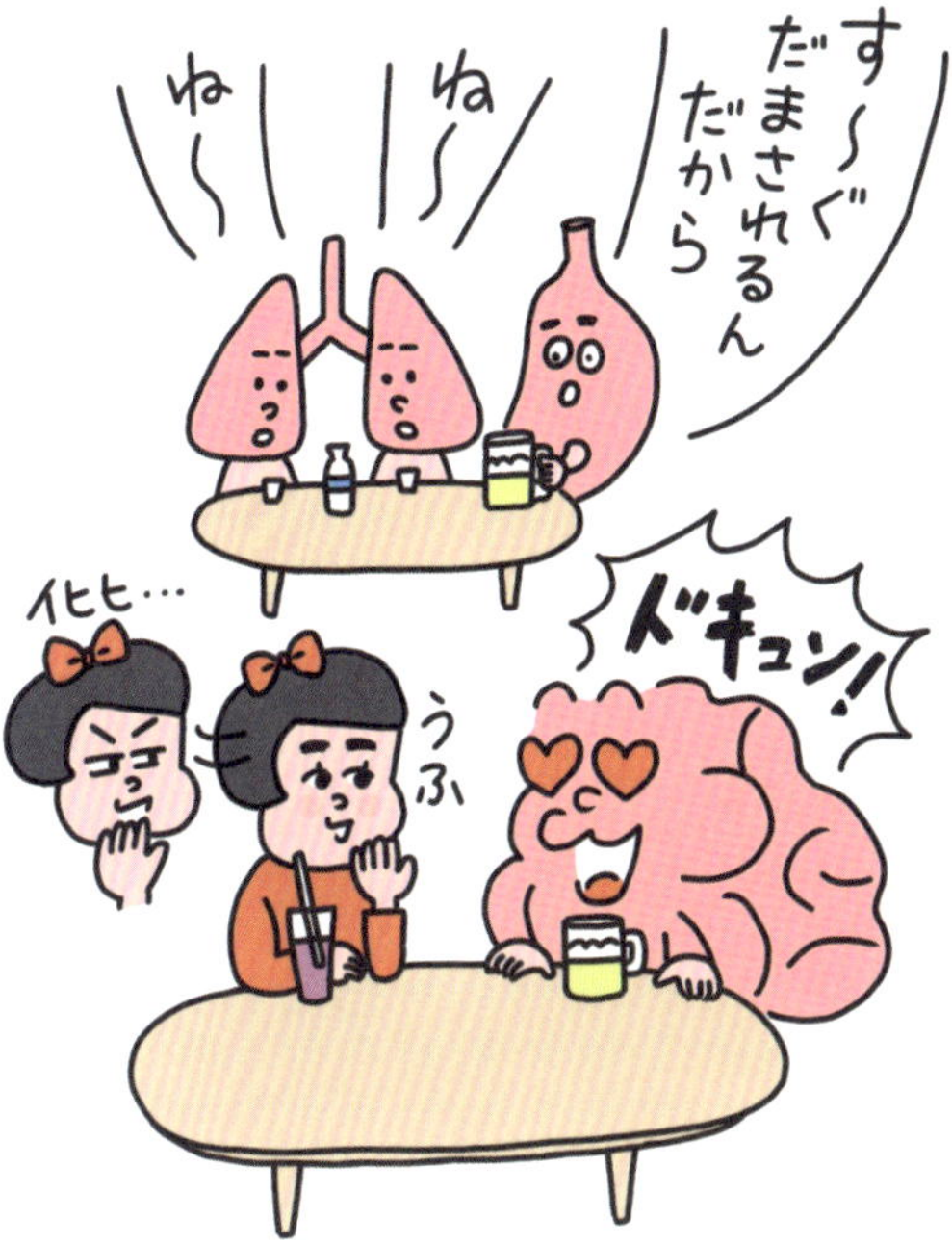

なるほど

電《でん》車《しゃ》が進《すす》みだしたと思《おも》ったら、隣《となり》を走《はし》る別《べつ》の電《でん》車《しゃ》が反対方向《はんたいほうこう》に進《すす》んでいただけだった。

このような錯覚《さっかく》を「ベクション」と言《い》います。 自分《じぶん》は止《と》まっているのに、まわりの景色《けしき》が変化《へんか》することで、あたかも自分《じぶん》が動《うご》いているように感《かん》じてしまうのです。

これをうまく利用《りよう》しているのが、テレビゲームです。レースゲームで、自動車《じどうしゃ》はずっと画面《がめん》の同《おな》じ位置《いち》にいます。でもまわりの景色《けしき》が高速《こうそく》で後《うし》ろに流《なが》れていくため、ものすごいスピードで走《はし》っているように感《かん》じます。

一説《いっせつ》には、人《ひと》は情報《じょうほう》の8割《わり》を視覚《しかく》から得《え》ていると言《い》われます。それだけ見《み》た目《め》にだまされやすいのです。

もっと知《し》りたい!

神戸大学《こうべだいがく》ではベクション効果《こうか》で速《はや》く走《はし》っていると感《かん》じるヘルメットが試作《しさく》された

やる気《き》はきたえられる

やる気《き》も、筋《きん》トレのようにきたえられます。

ある実験《じっけん》で、サルに道具《どうぐ》を使《つか》ってえさを取《と》る方法《ほうほう》を教《おし》えました。自力《じりき》でえさを取《と》れるようになったら、今度《こんど》は少《すこ》し工夫《くふう》しないとえさを取《と》れないしかけに変《か》えます。こうして少《すこ》しずつ難《むず》しくしていったところ、1年《ねん》後《ご》には、やる気《き》を出《だ》す脳《のう》の部分《ぶぶん》が大《おお》きくなっていたのです。

コツは、達成感《たっせいかん》を多《おお》く感《かん》じられるように、作業《さぎょう》を細《こま》かく区切《くぎ》ること。最初《さいしょ》は短《みじか》く簡単《かんたん》な作業《さぎょう》だけにします。算数《さんすう》ドリルなら、1日《にち》1問《もん》解《と》くだけでOK《オーケー》。1週間《しゅうかん》できたら3問《もん》、さらに1ページと増《ふ》やしていきましょう。数学者《すうがくしゃ》も夢《ゆめ》ではありません。

もっと知《し》りたい！

060ページの答《こた》え：文《ぶん》（後《うし》ろから2行目《ぎょうめ》）

完成直前《かんせいちょくぜん》で作業《さぎょう》をやめて次《つぎ》に取《と》っておくと、毎回《まいかい》作業《さぎょう》にかかりやすくなる

だれでも毎晩《まいばん》4～5回《かい》の夢《ゆめ》を見《み》ている

人《ひと》は眠《ねむ》っている間《あいだ》、ずっと夢《ゆめ》を見《み》ていることが最新《さいしん》の研究《けんきゅう》でわかりました。

睡眠《すいみん》には、目覚《めざ》めが近《ちか》い「浅《あさ》い睡《すい》眠《みん》」と、ぐっすりと眠《ねむ》りこけた「深《ふか》い睡眠《すいみん》」の2つがあります。人《ひと》は眠《ねむ》っている間《あいだ》、浅《あさ》い↓深《ふか》い↓浅《あさ》い↓深《ふか》いと、浅《あさ》い睡《すい》眠《みん》と深《ふか》い睡《すい》眠《みん》を4～5回《かい》くり返《かえ》しているのです。そして**睡《すい》眠《みん》が切《き》り替《か》わるごとに、夢《ゆめ》の内容《ないよう》も変《か》わる**ことがわかっています。

しかし、目覚《めざ》める直前《ちょくぜん》に見《み》た夢《ゆめ》以《い》外《がい》は覚《おぼ》えていません。現実世界《げんじつせかい》と違《ちが》い、夢《ゆめ》を見《み》ているときは、見《み》たことを脳《のう》に保存《ほぞん》するための神経物質《しんけいぶっしつ》が出《で》ないからです。そのため夢《ゆめ》を見《み》ても、すぐに忘《わす》れてしまいます。

衝撃《しょうげき》の事実《じじつ》！

悪夢《あくむ》は、年齢《ねんれい》や国《くに》を問《と》わず全員同《ぜんいんおな》じような内容《ないよう》だと調査《ちょうさ》でわかっている

+もっと知《し》りたい

脳《のう》はおせっかい

脳《のう》は、見《み》ている物《もの》をできるだけ早《はや》く理解《りかい》するために、あれこれ先回《さきまわ》りして物事《ものごと》を考《かんが》えてくれています。でも、あまりにすごすぎて勝手《かって》に都合《つごう》よく補正《ほせい》したり思《おも》いこんだりしてしまうこともあるのです。

形《かたち》

カニッツァの三角形《さんかっけい》

中心《ちゅうしん》には何《なに》もないのに、逆三角形《ぎゃくさんかっけい》が見《み》えます。脳《のう》が無意識《むいしき》に形《かたち》のパターン（法則性《ほうそくせい》）を見《み》つけて、図形《ずけい》があると勘違《かんちが》いしてしまうのです。

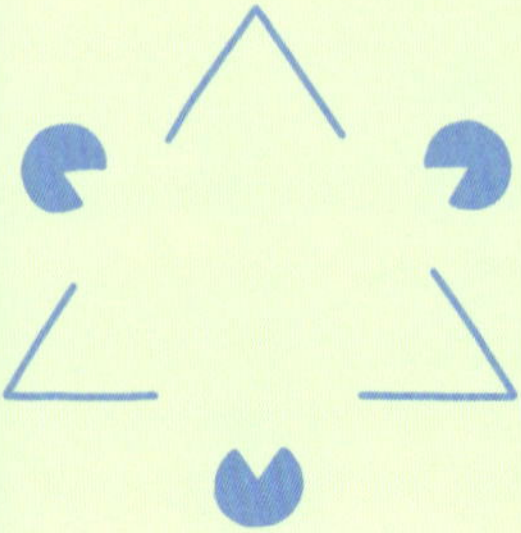

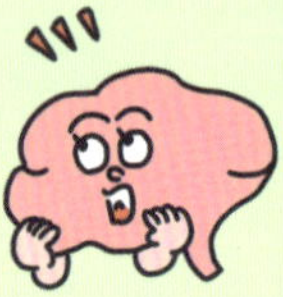

大《おお》きさ

ポンゾ錯視《さくし》

手前《てまえ》にある横線《よこせん》より、奥《おく》にある横線《よこせん》のほうが長《なが》く見《み》えます。しかし2つの線《せん》は同《おな》じ長《なが》さです。脳《のう》が自動《じどう》で奥行《おくゆ》きを計算《けいさん》して、「同《おな》じ長《なが》さに見《み》えるから、奥《おく》にあるほうが長《なが》い」と勘違《かんちが》いします。

色《いろ》

ムンカー錯視《さくし》

左《ひだり》の丸《まる》は紫《むらさき》に、右《みぎ》の丸《まる》はオレンジに見《み》えます。しかし実際《じっさい》はどちらも同《おな》じ赤色《あかいろ》です。絵《え》の具《ぐ》を混《ま》ぜるように、下《した》にある丸《まる》の色《いろ》と上《うえ》に重《かさ》ねられた格子《こうし》の色《いろ》を、脳《のう》が同化《どうか》してとらえようとして起《お》こると考《かんが》えられています。

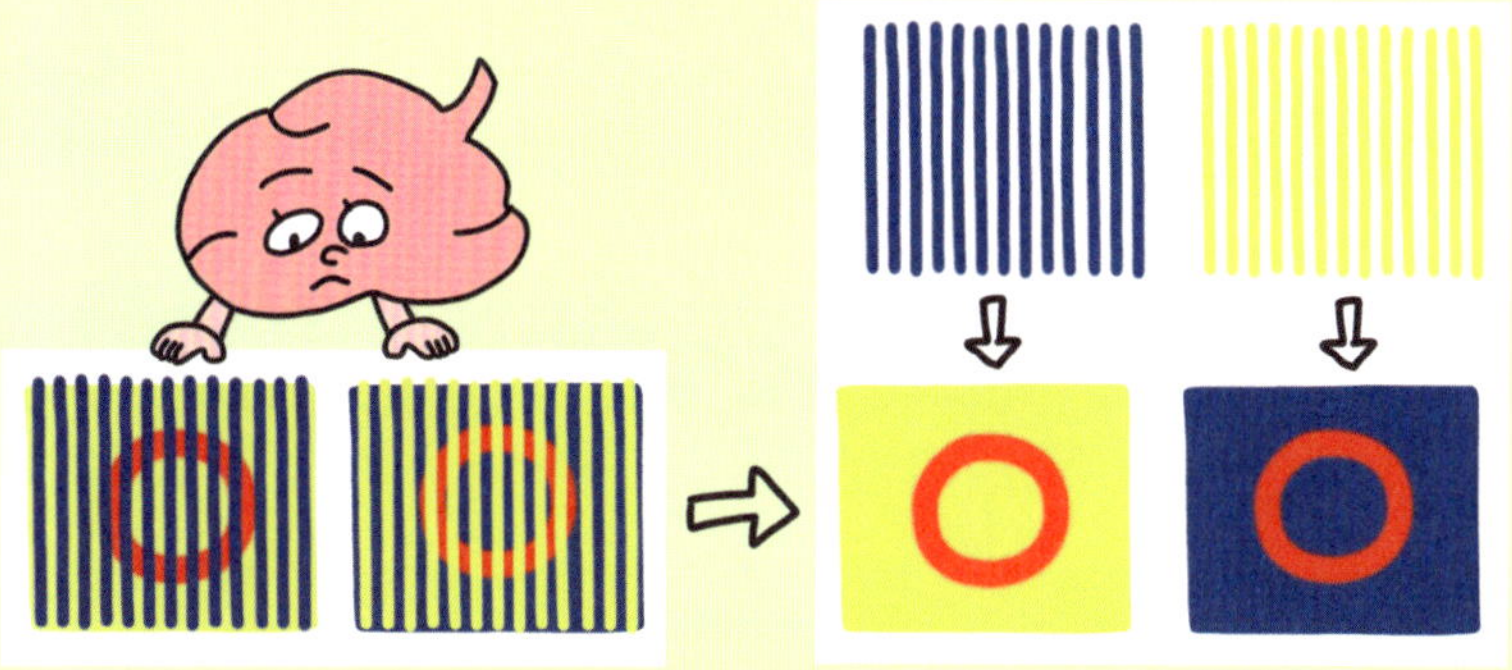

明《あか》るさ

チェッカーシャドウ錯視《さくし》

Aのタイルより、Bのタイルのほうが明《あか》るく見《み》えます。でも、実際《じっさい》はどちらも同《おな》じ明《あか》るさです。Bのタイルは円柱《えんちゅう》の影《かげ》がかかっていると脳《のう》が計算《けいさん》して、「本当《ほんとう》の色《いろ》は、もっと明《あか》るいはずだ」と勘違《かんちが》いするのです。

人《ひと》の細胞《さいぼう》から ミニ臓器《ぞうき》が作《つく》れる

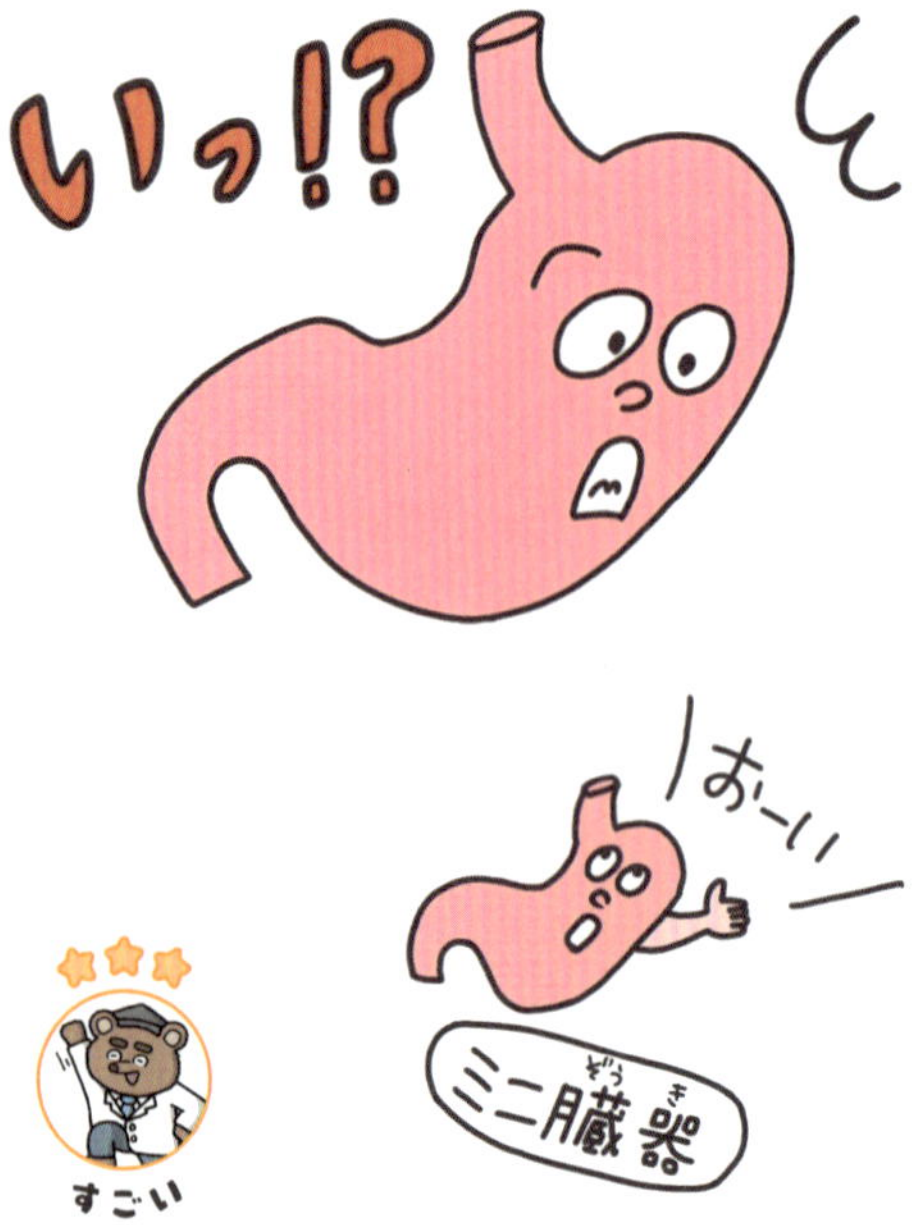

胃《い》も肝臓《かんぞう》も大腸《だいちょう》も、脳《のう》でさえも試験管《しけんかん》の中《なか》で作《つく》れます。

わたしたちの体《からだ》を形作《かたちづく》る細胞《さいぼう》は、古《ふる》いものと新《あたら》しいものが毎日《まいにち》少《すこ》しずつ入《い》れ替《か》わっています。そのうち、**どんな細胞《さいぼう》にもなれる能力《のうりょく》を持《も》つ細《さい》胞《ぼう》**を「幹細胞《かんさいぼう》」と言《い》います。

この幹細胞《かんさいぼう》を取《と》り出《だ》して、試験管《しけんかん》の中《なか》で増《ふ》やします。そこに特定《とくてい》の刺《し》激《げき》を加《くわ》えることで、胃《い》や肝臓《かんぞう》などのミニ臓器《ぞうき》が作《つく》れるのです。

ミニ臓器《ぞうき》は、小《ちい》さくても本物《ほんもの》と同《おな》じ構造《こうぞう》や機能《きのう》を持《も》ちます。そのため開発中《かいはっちゅう》の薬《くすり》の効果《こうか》を確《たし》かめるのにとても役立《やくだ》ちます。さらに、臓器《ぞうき》の一《いち》部《ぶ》にミニ臓器《ぞうき》を移植《いしょく》して、薬《くすり》では治《なお》せない病気《びょうき》を治《なお》した例《れい》もあります。

もっと知《し》りたい!

人《ひと》の体《からだ》は、200種類《しゅるい》以上《いじょう》の細胞《さいぼう》が、約《やく》37兆個《ちょうこ》集《あつ》まってできている

ひじをぶつけると小《こ》指《ゆび》と薬《くすり》指《ゆび》だけしびれる

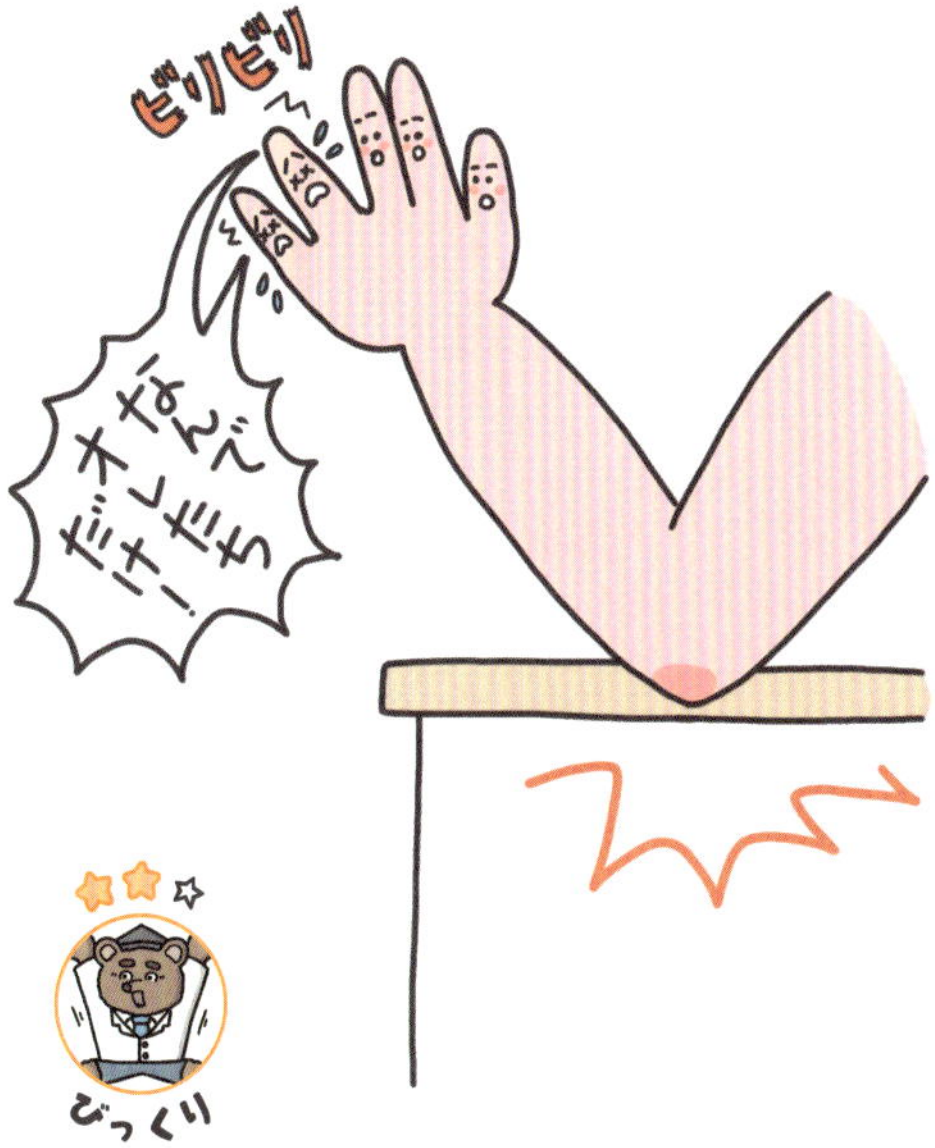

やってみましょう。痛《いた》くないので大丈夫《だいじょうぶ》です。まず、片方《かたほう》のひじを曲《ま》げます。次《つぎ》に、もう片方《かたほう》の手《て》を軽《かる》くにぎって、曲《ま》げたひじの骨《ほね》の内側《うちがわ》を軽《かる》くたたいてみましょう。小指《こゆび》と薬指《くすりゆび》に、じーんとしびれるような感覚《かんかく》が走《はし》ると思《おも》います。

これは**たたいたことで、神経《しんけい》が興《こう》奮《ふん》したから**です。腕《うで》の内側《うちがわ》には、肩《かた》下《した》から小指《こゆび》にかけて「尺骨神経《しゃっこつしんけい》」という長《なが》い神経《しんけい》が通《とお》っています。これが震《ふる》えることで、指《ゆび》がしびれます。

でも、ちょっと打《う》っただけならすぐにおさまりますが、スポーツでひじをくり返《かえ》し酷使《こくし》するのは危険《きけん》。骨《ほね》が変形《へんけい》して神経《しんけい》を刺激《しげき》し続《つづ》け、しびれが取《と》れなくなることもあります。

もっと知《し》りたい!

手首《てくび》とひじは2本《ほん》の骨《ほね》でつながる。親指側《おやゆびがわ》を橈骨《とうこつ》、小指側《こゆびがわ》を尺骨《しゃっこつ》と言《い》う

「辛味《からみ》」は味《あじ》ではなく痛《いた》み

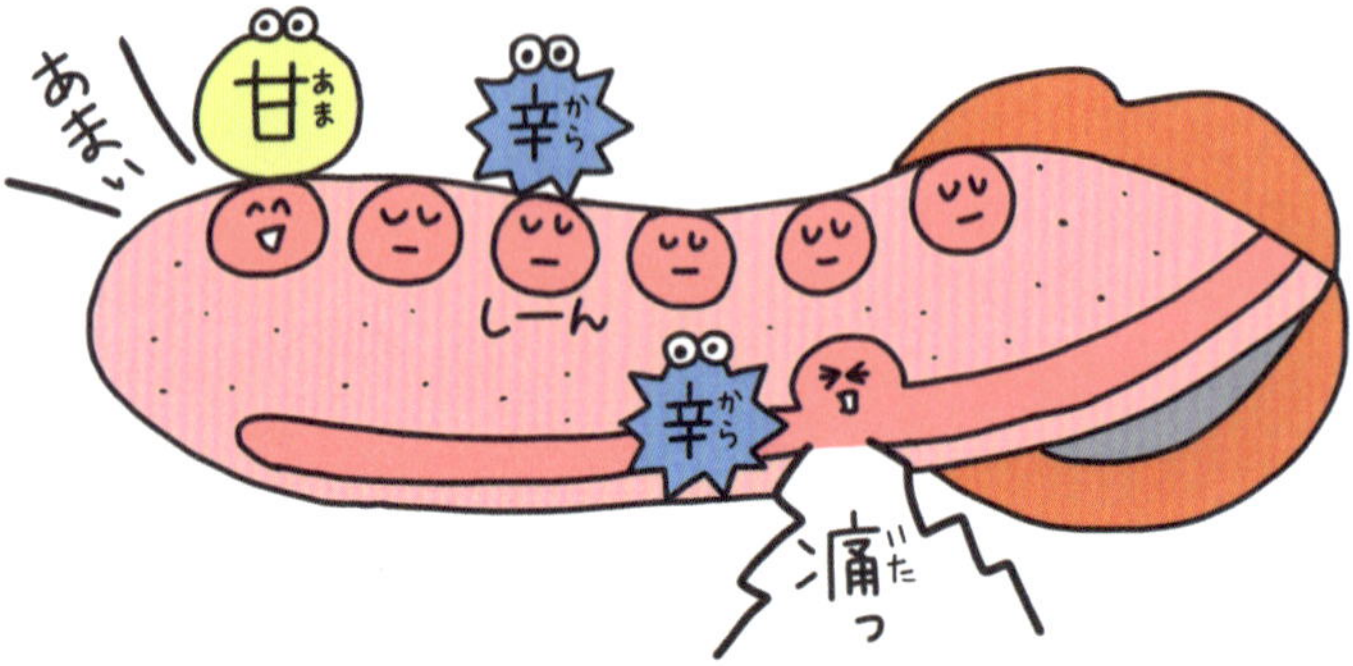

辛《から》いものを食《た》べると、舌《した》がヒリヒリしますよね。それは味《あじ》ではなく、痛《いた》みです。

味《あじ》には大《おお》きく5種類《しゅるい》あります。甘味《あまみ》、塩味《えんみ》、酸味《さんみ》、苦味《にがみ》、うま味《み》です。

これらは舌《した》の表面《ひょうめん》にたくさんある「味蕾《みらい》」というセンサーで感《かん》じ取《と》っています。砂糖《さとう》がこの味蕾《みらい》に触《ふ》れると「甘《あま》い」、塩《しお》が味蕾《みらい》に触《ふ》れると「しょっぱい」と感《かん》じるのです。

ところが**唐辛子《とうがらし》などが持《も》つ辛味成分《からみせいぶん》に舌《した》が触《ふ》れても、味蕾《みらい》は反応《はんのう》しません**。その代《か》わり、痛《いた》みや熱《ねつ》を感《かん》じる別《べつ》のセンサーが反応《はんのう》します。

辛《から》いものを食《た》べるとヒリヒリするのは、痛《いた》みのセンサーが「舌《した》が傷《きず》ついた！」と勘違《かんちが》いしているのです。

意外《いがい》なカンケイ

ミントを食《た》べると冷《つめ》たく感《かん》じるのは、舌《した》の冷覚《れいかん》のセンサーが刺激《しげき》されるため

やばい

おしりの穴《あな》は おならとうんこを 区《く》別《べつ》している

おならもうんこも、出《だ》したいときに出《だ》せる。これほどすばらしいことはないでしょう。

肛門《こうもん》（おしりの穴《あな》）は、ただの通《とお》り道《みち》ではありません。超高性能《ちょうこうせいのう》なセンサーがついています。

たとえば、便《べん》がたまって一定《いってい》の重《おも》さを超《こ》えると、「うんこ行《い》けます」と、脳《のう》に信号《しんごう》を送ります。また、**肛門《こうもん》にきた物体《ぶったい》が、気体《きたい》か液体《えきたい》か固体《こたい》かをすぐに区別《くべつ》できます**。さらに、うんこは出《だ》さずにおならだけ出《だ》すといったことも可能《かのう》。こうした機能《きのう》は、人《じん》工《こう》の肛門《こうもん》ではできません。

おしりの穴《あな》が目《め》を光《ひか》らせてくれているおかげで、わたしたちは清潔《せいけつ》で健康《けんこう》なくらしを営《いとな》めるのです。

もっと知《し》りたい！

ストレスで下痢《げり》になるのは、大腸《だいちょう》の動《うご》きが激《はげ》しくなって食《た》べ物《もの》が消化《しょうか》されないから

赤《あか》ちゃんは頭《あたま》のてっぺんに穴《あな》が開《あ》いている

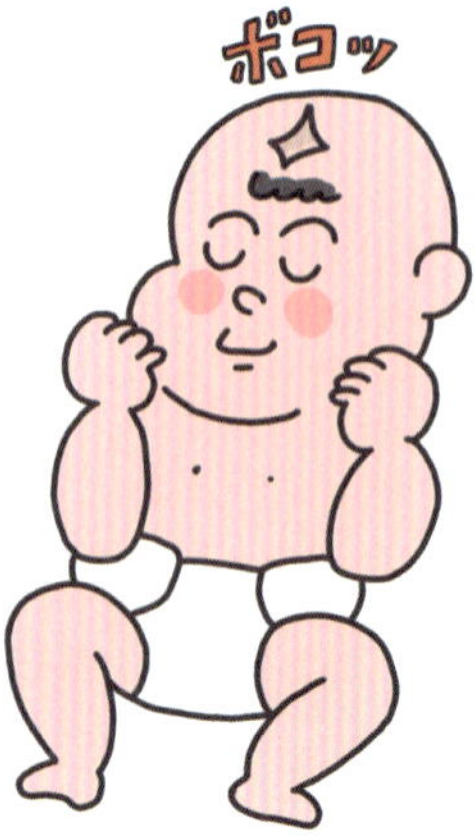

生《う》まれたばかりの赤《あか》ちゃんの多《おお》くは、おでこの上《うえ》が、ひし形《がた》にへこんでいます。これは、おでこの骨《ほね》にすき間《ま》が開《あ》いているからです。

人《ひと》の頭《あたま》は、8枚《まい》の骨《ほね》でできています。これが立体《りったい》パズルのように組《く》み合《あ》わさって、丸《まる》い形《かたち》を作《つく》っています。大人《おとな》の場合《ばあい》、骨《ほね》と骨《ほね》はぴったりとくっついています。しかし**赤《あか》ちゃんは、骨《ほね》と骨《ほね》の間《あいだ》にすき間《ま》があります**。外《そと》から見《み》ると、その骨《ほね》のないすき間《ま》の部分《ぶぶん》が、へこんで見《み》えるのです。

では、なぜすき間《ま》があるのでしょうか。理由《りゆう》は2つあります。

1つは、母親《ははおや》のお腹《なか》から出《で》てきやすくするため。産道《さんどう》を通《とお》るときに、骨《ほね》と骨《ほね》を重《かさ》ねて頭《あたま》を小《ちい》さくすること

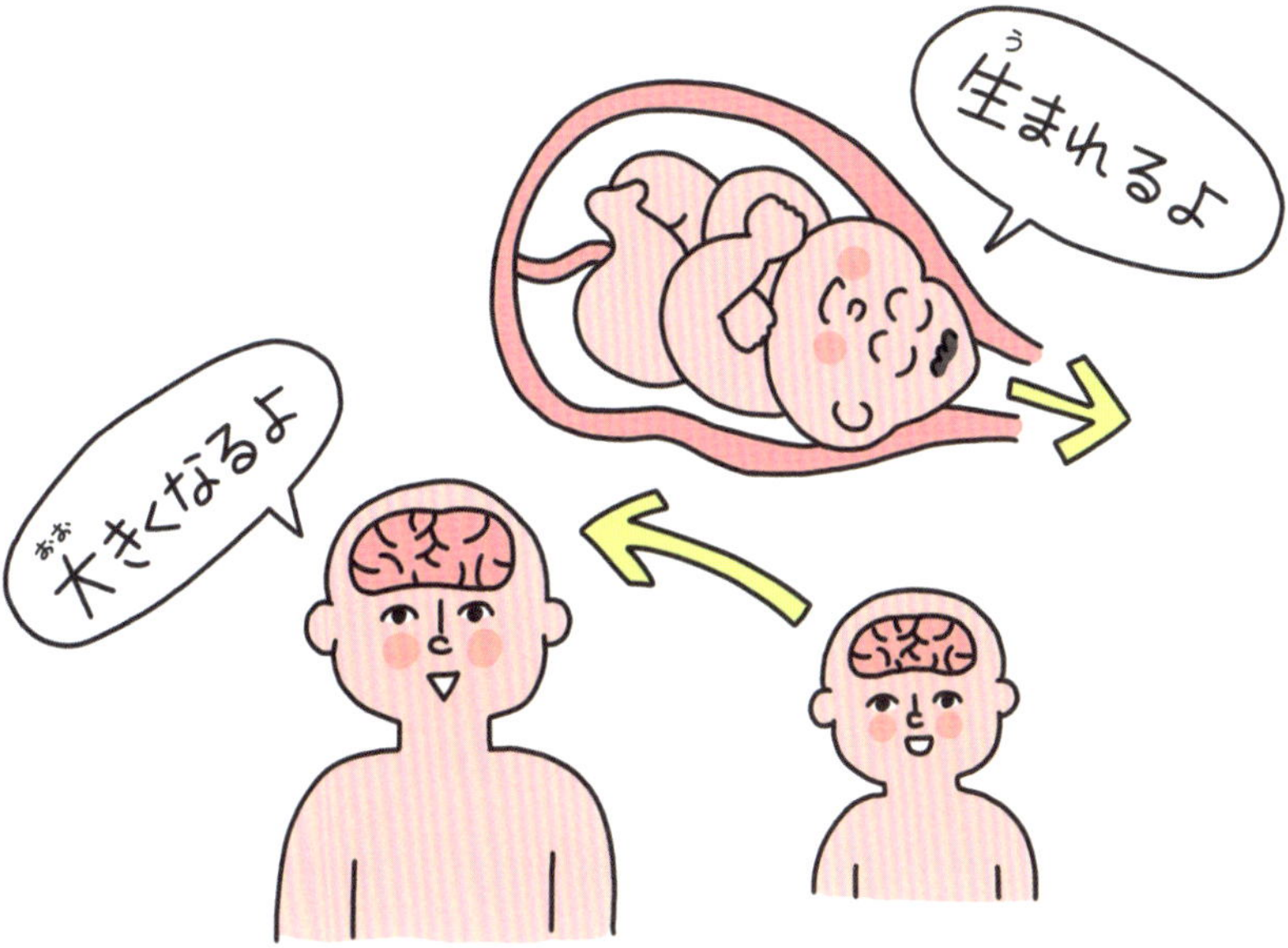

でスムーズに出《で》てきやすくなります。もう1つは、脳《のう》が大《おお》きくなるためです。生《う》まれたばかりの赤《あか》ちゃんの脳《のう》の重《おも》さは400gほどですが、1年後《ねんご》には2倍《ばい》以上《いじょう》に大《おお》きくなります。脳《のう》の成長《せいちょう》に合《あ》わせて、頭《あたま》も大《おお》きくなれるように余裕《よゆう》を残《のこ》しているのです。

このすき間《ま》は、6歳頃《さいごろ》にはなくなり、骨《ほね》は硬《かた》く動《うご》かなくなります。

すごいぞ！赤《あか》ちゃん

赤《あか》ちゃん特有《とくゆう》の反応《はんのう》として、体《からだ》を無意識《むいしき》に動《うご》かす「原始反射《げんしはんしゃ》」があります。手《て》のひらに何《なに》か触《ふ》れると、ぎゅっと握《にぎ》ったり、口《くち》に何《なに》か触《ふ》れると、そっちを向《む》いて吸《す》ったり。成長《せいちょう》するにしたがって、しなくなります。

衝撃《しょうげき》の事実《じじつ》！

人間《にんげん》でも、お腹《なか》の中《なか》にいるときは尻尾《しっぽ》がある時期《じき》がある

お風呂《ふろ》の後《あと》すぐに服《ふく》を着《き》ると風邪《かぜ》を引《ひ》きやすい

なるほど

なんか寒《さむ》い
ブル
ブル
ハクション

お風呂《ふろ》で温《あたた》まったのに風邪《かぜ》を引《ひ》いてしまう原因《げんいん》。それは汗《あせ》です。お風呂《ふろ》に入《はい》ると、温《あたた》まりすぎた体《からだ》を冷《ひ》やすために大量《たいりょう》の汗《あせ》をかきます。汗《あせ》をかくと体温《たいおん》が下《さ》がるのは、**汗《あせ》が乾《かわ》いて、液体《えきたい》から気体《きたい》になるときに、体《からだ》から熱《ねつ》をうばうため**です。これが「湯冷《ゆざ》め」です。

お風呂《ふろ》から出《で》てすぐに服《ふく》を着《き》ると、服《ふく》が汗《あせ》を吸《す》いこんで、全身《ぜんしん》がぬれた状態《じょうたい》が続《つづ》きます。その結果《けっか》、体《からだ》から熱《ねつ》がうばわれ続《つづ》け、必要以上《ひつよういじょう》に冷《ひ》えて風邪《かぜ》を引《ひ》きやすくなります。

入浴後《にゅうよくご》は、汗《あせ》が出《で》なくなるまでタオルでふいてから服《ふく》を着《き》ましょう。すぐに布団《ふとん》に入《はい》るのも汗《あせ》をかくので、風邪《かぜ》の原因《げんいん》になります。

衝撃《しょうげき》の事実《じじつ》！

浴室《よくしつ》から出《で》る直前《ちょくぜん》に手足《てあし》に水《みず》をかけると、血管《けっかん》が縮《ちぢ》んで体《からだ》が冷《ひ》えにくくなる

海賊《かいぞく》は眼帯《がんたい》をするから暗闇《くらやみ》でも戦《たたか》える

夜《よる》に部屋《へや》の電気《でんき》を消《け》すと何《なに》も見《み》えません。でも、しばらくすると物《もの》が見《み》えるようになります。**これは、目《め》が暗闇《くらやみ》に慣《な》れるため。**目《め》は、明《あか》るい場所《ばしょ》から暗《くら》い場所《ばしょ》に移《うつ》ると、瞳《ひとみ》（黒目《くろめ》）が大《おお》きくなります。よりたくさんの光《ひかり》を目《め》に入《い》れるためです。さらに、目《め》の奥《おく》にある光《ひかり》を感《かん》じる細胞《さいぼう》のはたらきが活発《かっぱつ》になります。そのため少《すく》ない光《ひかり》でも、物《もの》が見《み》えるようになるのです。

ただし、目《め》が暗闇《くらやみ》に慣《な》れるまでには30分《ぷん》ほどかかります。もし暗闇《くらやみ》で急《きゅう》におそわれたらおしまいです。

そこで海賊《かいぞく》は、片方《かたほう》の目《め》だけ眼帯《がんたい》で隠《かく》し、闇討《やみう》ちされてもすぐに戦《たたか》えるようにしていたと言《い》われています。

もっと知《し》りたい！

スマホを使《つか》って星座《せいざ》を探《さが》すと、光《ひかり》が強《つよ》すぎて星《ほし》が見《み》えにくくなるのと同《おな》じ

一生《いっしょう》のうちトイレに入《はい》っている時《じ》間《かん》は約《やく》3年《ねん》

日《に》本《ほん》人《じん》の平均《へいきん》寿命《じゅみょう》は84歳前後《さいぜんご》です。時間《じかん》にして73万《まん》5840時間《じかん》あります。

長《なが》いなぁと思《おも》うでしょうか。ただ、この時間《じかん》を丸《まる》ごと自由《じゆう》に使《つか》えるわけではありません。食事《しょくじ》、トイレ、入浴《にゅうよく》、睡眠《すいみん》など、生《い》きていくために、くり返《かえ》しやらなければならないことがあります。

国《くに》の調査《ちょうさ》によると、1日《にち》のうち食事《しょくじ》にかける時間《じかん》は平均《へいきん》96分《ぷん》。ここから一生《いっしょう》で費《つい》やす食事《しょくじ》の時間《じかん》を単純計算《たんじゅんけいさん》すると、5・6年《ねん》になります。

ほかも同《おな》じように計算《けいさん》してみましょう。すると、トイレは3年《ねん》、入浴《にゅうよく》は1・8年《ねん》、睡眠《すいみん》には28年《ねん》もの時間《じかん》を使《つか》っています。**ただ健康《けんこう》に生《い》き**

るだけでも、38年分《ねんぶん》くらいの時間《じかん》が必要《ひつよう》なのです。

さらに多《おお》くの人《ひと》は、7歳《さい》から65歳《さい》まで、1日《にち》8時間《じかん》くらい学校《がっこう》や仕事《しごと》に時間《じかん》を使《つか》います。休日《きゅうじつ》を差《さ》し引《ひ》いても、一生《いっしょう》で約《やく》13年《ねん》。

つまり純粋《じゅんすい》に遊《あそ》べる時間《じかん》は、一生《いっしょう》のうち33年《ねん》くらいと計算《けいさん》できます。あなたはこの時間《じかん》を何《なに》に使《つか》いますか？

時間《じかん》が早《はや》く感《かん》じる？

時間《じかん》の進《すす》み方《かた》はみんな同《おな》じはずなのに、年末《ねんまつ》になるたび「あっという間《ま》だったなあ……」とぼやく大人《おとな》を見《み》ませんか？　心理学《しんりがく》では、感《かん》じる年月《ねんげつ》の長《なが》さが年《とし》を取《と》るほど短《みじか》くなる現象《げんしょう》を「ジャネの法則《ほうそく》」と言《い》うそうです。

もっと知《し》りたい！

1日《にち》のスマホ使用時間《しようじかん》は平均《へいきん》1時間《じかん》18分《ふん》。20代《だい》だと1日《にち》に3時間以上使《じかんいじょうつか》う

＋もっと知《し》りたい

人《ひと》は毎日《まいにち》いろんなものを体《からだ》から出《だ》している

わたしたちは、いつも食《た》べることばかり考《かんが》えています。でもたまには、自分《じぶん》の体《からだ》が出《だ》しているものにも注目《ちゅうもく》してみましょう。

牛乳《ぎゅうにゅう》パック約《やく》1本分《ぽんぶん》の水分《すいぶん》が蒸発《じょうはつ》している

汗《あせ》をかいていなくても、体《からだ》から水《すい》分《ぶん》は失《うしな》われています。吐《は》く息《いき》から300mL、皮《ひ》ふから600mL、合《あ》わせて900mLの水分《すいぶん》が、毎日体《まいにちからだ》から蒸発《じょうはつ》しています。

こたつ4時間分《じかんぶん》と同《おな》じ熱量《ねつりょう》を発《はっ》している

人《ひと》は食《た》べたごはんをエネルギー（熱《ねつ》）にかえて体《からだ》を動《うご》かします。1日《にち》に使《つか》う熱量《ねつりょう》は約《やく》2000kcal。こたつを4時間《じかん》つけたのと同《おな》じくらいの熱量《ねつりょう》です。

※1kWh=860kcalで、こたつの消費電力《しょうひでんりょく》を600Wとして計算《けいさん》

10gの腸内細菌《ちょうないさいきん》をうんこにして出《だ》している

うんこの80%は水分《すいぶん》です。残《のこ》り20%は、食《た》べかす、古《ふる》くなった腸粘膜《ちょうねんまく》、そして腸内細菌《ちょうないさいきん》の死骸《しがい》が同《おな》じくらいの割合《わりあい》で混《ま》ざっています。1日《にち》に出《で》るうんこの量《りょう》は150gくらいなので、毎日《まいにち》10gくらいの腸内細菌《ちょうないさいきん》がうんこになって出《で》ています。

約《やく》1kgの二酸化炭素《にさんかたんそ》を吐《は》き出《だ》している

わたしたちは空気中《くうきちゅう》の酸素《さんそ》を吸《す》って、栄養《えいよう》を熱《ねつ》にかえています。このとき、熱《ねつ》とともに二酸化炭素《にさんかたんそ》もできます。二酸化炭素《にさんかたんそ》は体《からだ》にいらないので、息《いき》といっしょに吐《は》き出《だ》します。これをくり返《かえ》すのが呼吸《こきゅう》です。

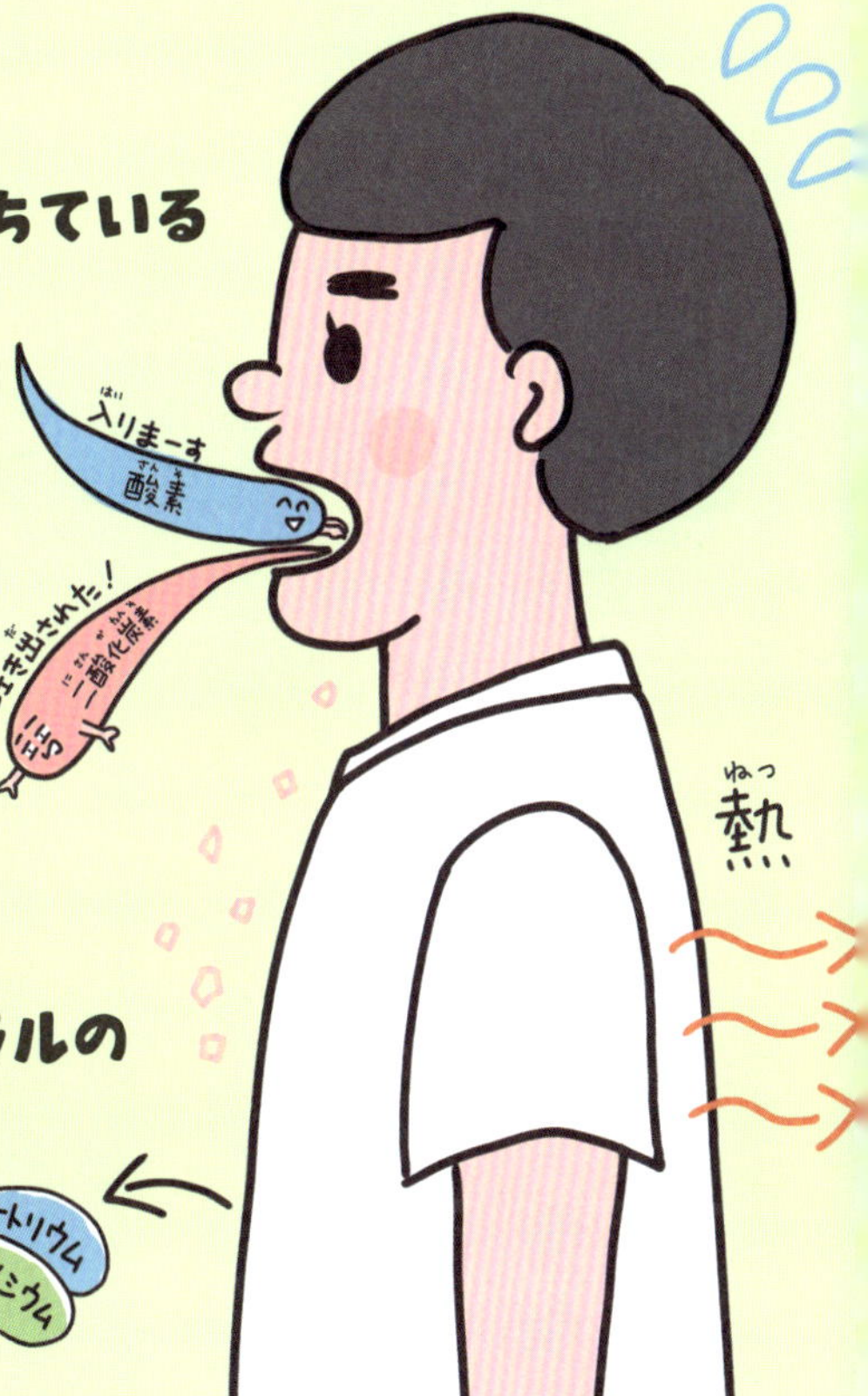

10gのあかが皮《ひ》ふからはがれ落《お》ちている

年間《ねんかん》で3.6kg、子犬《こいぬ》1頭分《とうぶん》のあかが体《からだ》から出《で》ています。あかは、古《ふる》くなって死《し》んだ皮《ひ》ふの細胞《さいぼう》。でも、皮《ひ》ふのうるおいを保《たも》ったり、細菌《さいきん》が体内《たいない》に入《はい》るのをブロックしたりしています。

食事《しょくじ》でとったミネラルの20～80%がおしっこと出《で》ていく

ナトリウムは80%、カルシウムは20%がおしっこといっしょに出《で》ていきます。ナトリウムの出《で》る量《りょう》が多《おお》いのは、それだけ現代《げんだい》の食事《しょくじ》にふくまれる塩分《えんぶん》（NaCl）量《りょう》が多《おお》いのかもしれません。

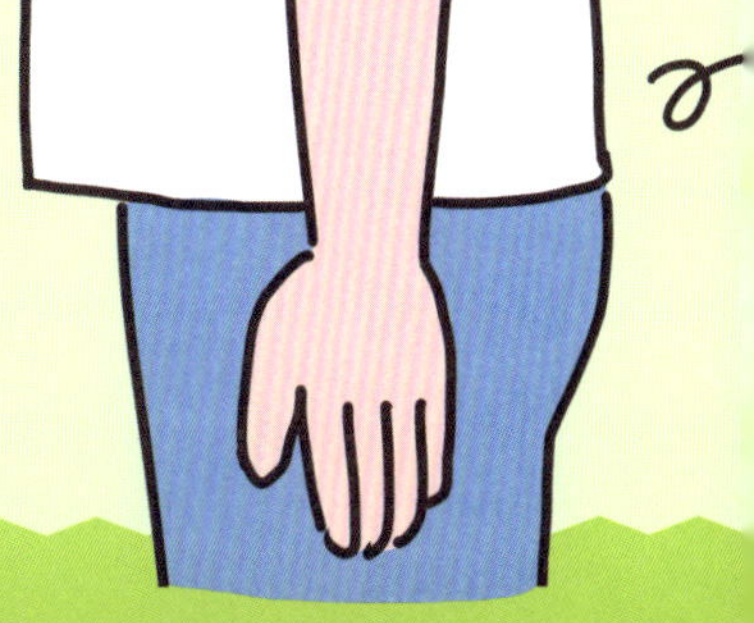

おまけ②
実験《じっけん》！体《からだ》をコントロールしてみよう

第《だい》3章《しょう》

知《し》れば知《し》るほど好《す》きになる

くらしのひみつ

大根《だいこん》はじつは透明《とうめい》

白《しろ》く見《み》えるのは、大根《だいこん》に目《め》がだまされているせいです。

大根《だいこん》は名前《なまえ》の通《とお》り、根《ね》がとっても大《おお》きな野菜《やさい》です。白《しろ》い根《ね》の部分《ぶぶん》には、たくさんの水分《すいぶん》がたくわえられています。その水分《すいぶん》の入《はい》った部屋《へや》（細《さい》胞《ぼう》）の壁《かべ》は、セルロースやペクチンといった物質《ぶっしつ》でできていますが、これらも透明《とうめい》。つまり、**水《みず》の入《はい》ったガラスのコップのように全部《ぜんぶ》透明《とうめい》**なのです。

それなのに白《しろ》く見《み》えるのは、光《ひかり》のせいです。大根《だいこん》は透明《とうめい》なので光《ひかり》を通《とお》します。しかし、大根《だいこん》の中《なか》に入《はい》った光《ひかり》は、細胞《さいぼう》の壁《かべ》や空気《くうき》に反射《はんしゃ》して、バラバラな方向《ほうこう》に散《ち》らばります。白《しろ》い光《ひかり》が中《なか》で散《ち》らばるので、大根《だいこん》の根《ね》も白《しろ》く見《み》えるのです。

衝撃《しょうげき》の事実《じじつ》！

ゆでた大根《だいこん》が透明《とうめい》なのは細胞《さいぼう》の壁《かべ》がこわれて光《ひかり》が乱反射《らんはんしゃ》しなくなるため

アイスクリームはかき氷《ごおり》より冷《つめ》たい

冷《れい》凍庫《とうこ》にアイスが入《はい》っていたら見《み》てみましょう。保存方法《ほぞんほうほう》のところに「要冷凍《ようれいとう》・マイナス18℃以下《いか》」と書《か》いてあるはず。氷《こおり》は0℃でできますが、**アイスクリームはマイナス10℃以下《いか》でないと固《かた》まりません。**じつはかき氷《ごおり》より、アイスクリームのほうが冷《つめ》たいのです。

でも、食《た》べたときにかき氷《ごおり》のほうが冷《つめ》たく感《かん》じると思《おも》います。その理《り》由《ゆう》は、熱《ねつ》の伝《つた》わり方《かた》が違《ちが》うから。

氷《こおり》は熱《ねつ》を伝《つた》えやすい（うばいやすい）ため、ふれた物《もの》を急速《きゅうそく》に冷《ひ》やします。一方《いっぽう》、アイスクリームには空《くう》気《き》の泡《あわ》や脂肪分《しぼうぶん》などが入《はい》っているため熱《ねつ》が伝《つた》わりづらく（うばいづらく）、氷《こおり》より冷《つめ》たく感《かん》じないのです。

もっと知《し》りたい！

かき氷《ごおり》を食《た》べて頭《あたま》が痛《いた》むのは、医学用語《いがくようご》で「アイスクリーム頭痛《ずつう》」と言《い》う

「風邪《かぜ》」という病気《びょうき》はない

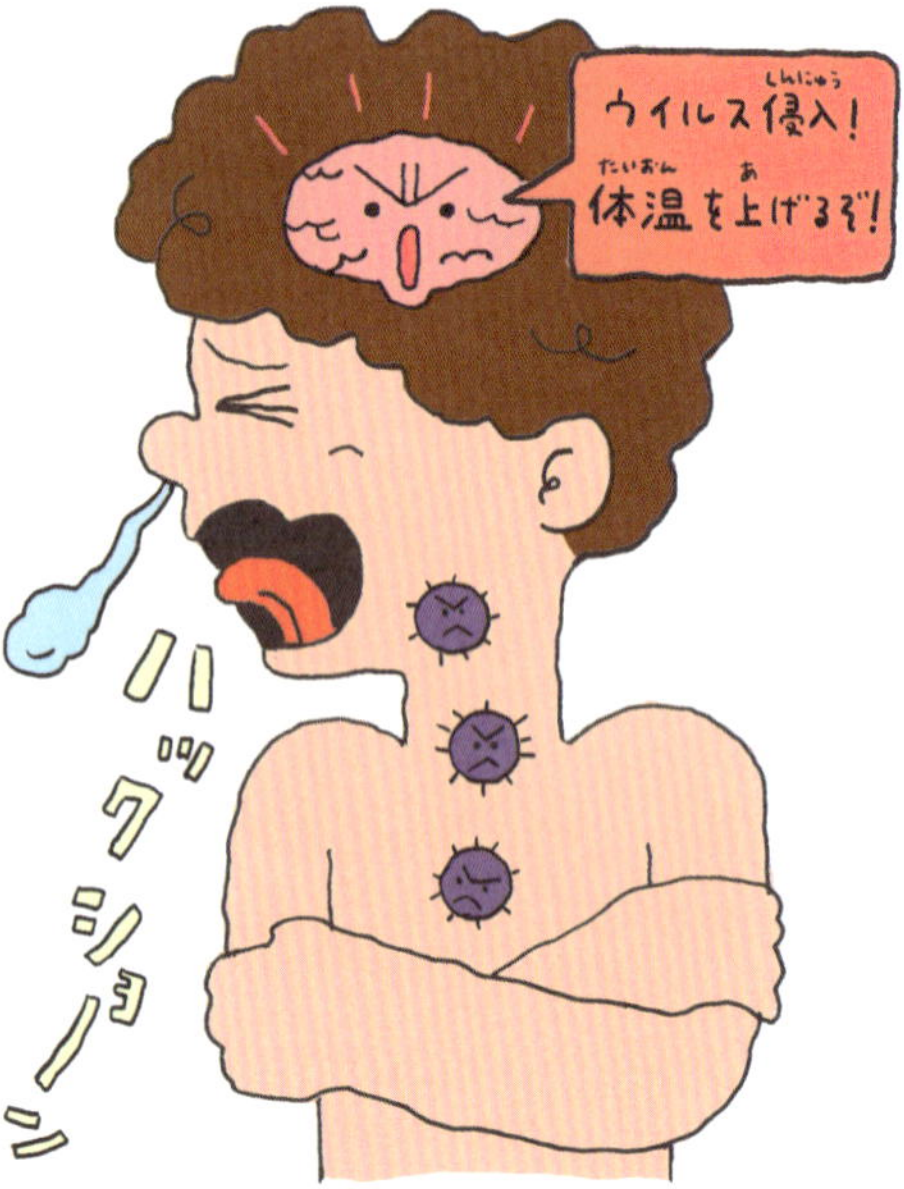

昔《むかし》の人々《ひとびと》は、風《かぜ》が運《はこ》んでくる邪《じゃ》気《き》を体《からだ》に引《ひ》き入《い》れると病《やまい》になると考《かんが》えました。そこから今《いま》も「風《か》邪《ぜ》を引《ひ》く」と言《い》います。

でも、風《か》邪《ぜ》という病気《びょうき》はありません。熱《ねつ》、せき、鼻水《はなみず》など、体《からだ》に出《で》る異常《いじょう》をまとめて風邪症候群《かぜしょうこうぐん》と言《い》います。これは病名《びょうめい》ではなく、**ウイルスから体《からだ》を守《まも》るための防御反応《ぼうぎょはんのう》**です。体内《たいない》に入《はい》ってきたウイルスを殺《ころ》したり、外《そと》に追《お》い出《だ》したりするときに、体《からだ》は熱《ねつ》や水分《すいぶん》を出《だ》します。これが風《か》邪《ぜ》の症状《しょうじょう》になるのです。

ちなみに風邪薬《かぜぐすり》を飲《の》むと熱《ねつ》が下《さ》がるのは、ウイルスを殺《ころ》すからではなく、体《からだ》の防御反応《ぼうぎょはんのう》を抑《おさ》えるから。そのため飲《の》みすぎると風邪《かぜ》が長引《ながび》きます。

衝撃《しょうげき》の事実《じじつ》!

抗生物質《こうせいぶっしつ》は、細菌《さいきん》による感染症《かんせんしょう》を防《ふせ》ぐ薬《くすり》。ウイルスには効《き》かない

卵《たまご》のサイズはニワトリの年齢《ねんれい》で変《か》わる

お店《みせ》で売《う》られている卵《たまご》は、いちばん小《ちい》さなSSからLLまで、全部《ぜんぶ》で6つサイズがあります。
重《おも》さは40～76gと2倍《ばい》近《ちか》く違《ちが》いますが、小《ちい》さい卵《たまご》も大《おお》きい卵《たまご》も同《おな》じ品《ひん》種《しゅ》のニワトリが産《う》んだものです。

ニワトリは、年《とし》を取《と》るほど大《おお》きな卵《たまご》を産《う》むようになります。生後《せいご》4か月《げつ》ほどのニワトリの卵《たまご》はSSサイズですが、生後《せいご》1年《ねん》以上《いじょう》経《た》つとLサイズ以上《いじょう》の卵《たまご》を産《う》むのです。
これは産卵《さんらん》をくり返《かえ》すほど、卵《たまご》を作《つく》る場所《ばしょ》（卵管《らんかん》）のサイズが大《おお》きくなっていくためです。
ちなみに黄身《きみ》の割合《わりあい》がいちばん多《おお》いのはMサイズ。それ以上《いじょう》になると、白身《しろみ》の量《りょう》が多《おお》く増《ふ》えていきます。

衝撃《しょうげき》の事実《じじつ》！

お店《みせ》のうずらの卵《たまご》には有精卵《ゆうせいらん》もあるので、温《あたた》めるとヒナが羽化《うか》することがある

ギザギザ
ギザギザ
しずかー

カワセミとフクロウをモデルに作《つく》った新幹線《しんかんせん》がある

すごい

開《かい》発当時《はっとうじ》、世界最速《せかいさいそく》と注目《ちゅうもく》された新幹線《しんかんせん》500系《けい》。時速《じそく》300kmの新幹線《しんかんせん》を作《つく》るのに、いちばん苦労《くろう》したのが音《おと》を消《け》すことです。

定規《じょうぎ》を振《ふ》ると、ビュンッと空気《くうき》を切《き》り裂《さ》く音《おと》が鳴《な》ります。これと同《おな》じで、**新幹線《しんかんせん》を速《はや》く走《はし》らせるほど、騒《そう》音《おん》が大《おお》きくなってしまう**のです。

この音《おと》を消《け》すヒントになったのが、フクロウとカワセミでした。

猛禽類《もうきんるい》のフクロウは、空中《くうちゅう》から羽《は》音《おと》を立《た》てずに獲物《えもの》に近《ちか》づきます。羽《は》根《ね》のふちが、細《こま》かいトゲが生《は》えたようにギザギザになっていて、空気《くうき》をうまく後《うし》ろへ逃《に》がしているのです。

またカワセミは、上空《じょうくう》からミサイルのように水中《すいちゅう》に飛《と》びこんで、魚《さかな》を

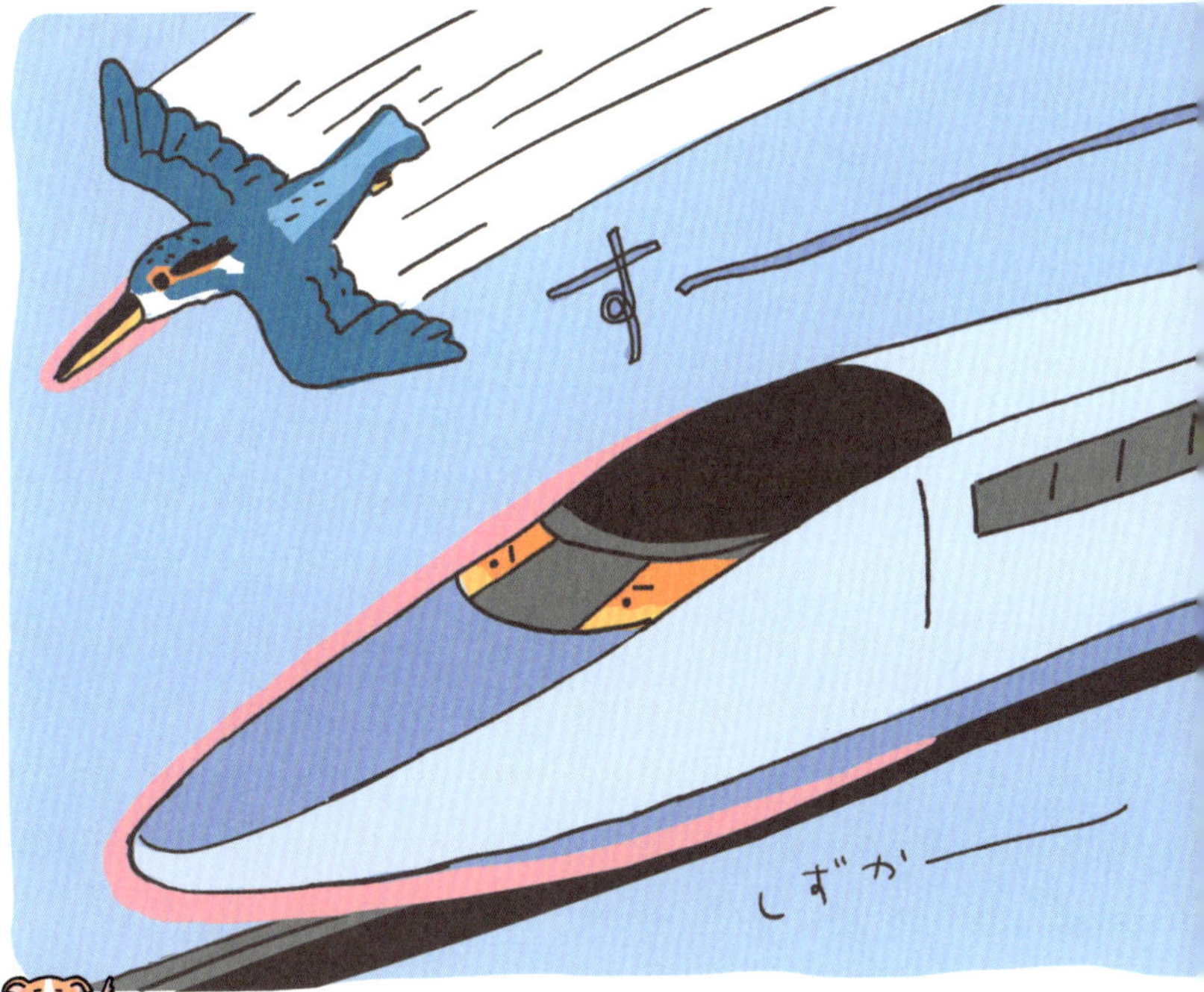

取《と》ります。でも、ほとんど水《みず》しぶきが上《あ》がりません。長《なが》く先《さき》のとがったくちばしが、水《みず》に当《あ》たったときの抵《てい》抗《こう》を少《すく》なくしているのです。

これらをヒントに作《つく》られた500系《けい》は、**先頭車両《せんとうしゃりょう》がカワセミのクチバシのように長《なが》く**、また、**車体《しゃたい》の一部《いちぶ》が、フクロウの羽根《はね》のようにギザギザのデザイン**になっています。

すごいぞ！生《い》き物《もの》

生《い》き物《もの》はすむ所《ところ》に合《あ》わせて、移動《いどう》の方法《ほうほう》も様々《さまざま》。日本《にほん》で開発《かいはつ》が進《すす》む月面調査車《げつめんちょうさしゃ》のタイヤの形《かたち》は、月面《げつめん》の細《こま》かな砂《すな》に埋《う》もれないようにするため、砂漠《さばく》を歩《ある》くラクダの足《あし》の形《かたち》をヒントに作《つく》られています。

もっと知《し》りたい！

サメの肌《はだ》をまねしたフィルムを貼《は》って燃費《ねんぴ》を向上《こうじょう》させた貨物飛行機《かもつひこうき》もある

蚊《か》のおかげで痛《いた》くない注《ちゅう》射《しゃ》針《ばり》ができた

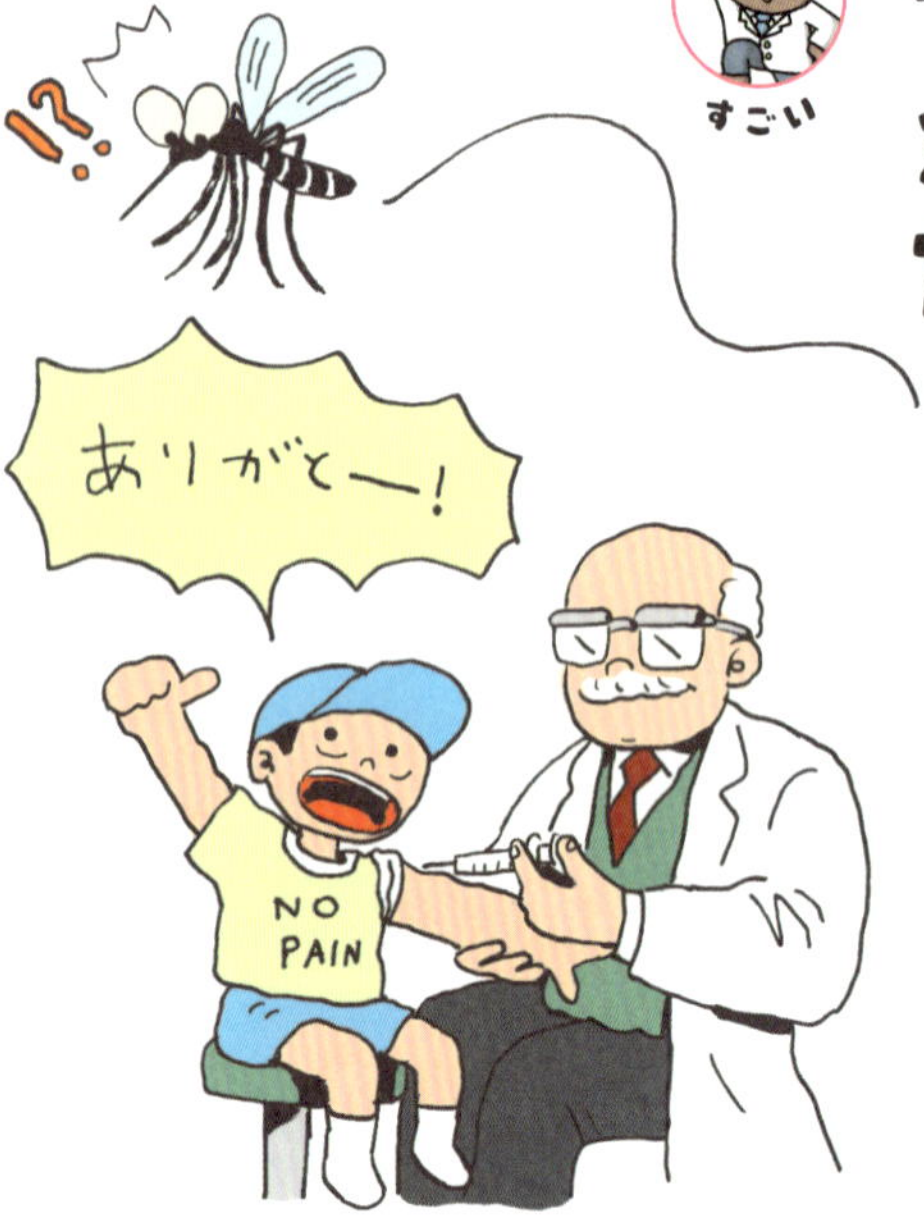

同《おな》じように針《はり》を刺《さ》しているのに、注射《ちゅうしゃ》は痛《いた》くて、蚊《か》は痛《いた》くないのはなぜでしょうか。

理由《りゆう》は2つあります。1つは針《はり》の太《ふと》さです。皮《ひ》ふには、「痛点《つうてん》」という痛《いた》みを感《かん》じるセンサーが、約《やく》1㎜の間隔《かんかく》で散《ち》らばっています。ふつうの注射針《ちゅうしゃばり》だと、針《はり》がこの痛点《つうてん》に当《あ》たってしまうので痛《いた》みを感《かん》じます。しかし、**蚊《か》の針《はり》の太《ふと》さは0・05㎜（1㎜の20分《ぶん》の1）しかないため痛《つう》点《てん》をよけて刺《さ》すことができる**のです。

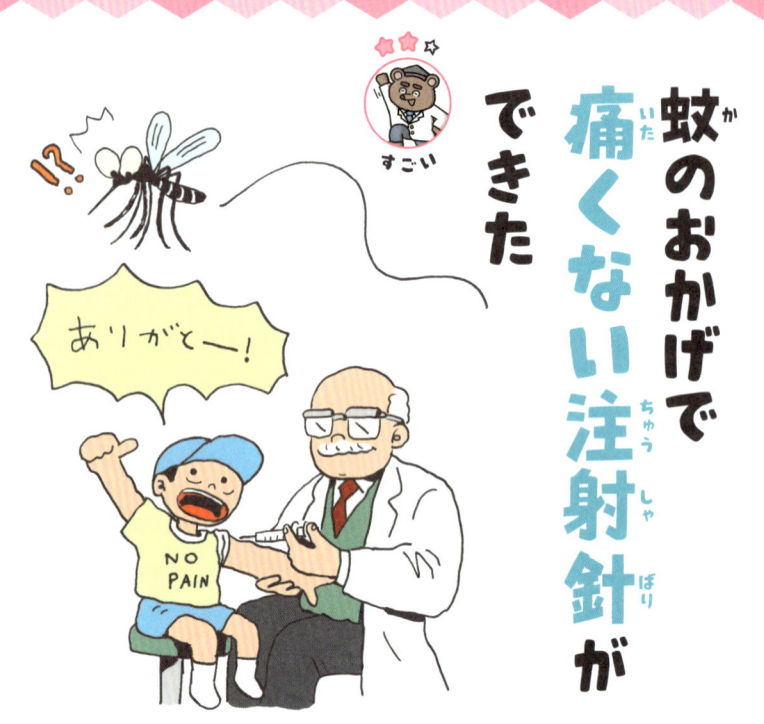

また、蚊《か》の針《はり》は、先《さき》がギザギザになっています。これをドリルのように回転《かいてん》させて、弱《よわ》い力《ちから》でも刺《さ》せるようになっています。これらを参考《さんこう》に、痛《いた》くない注射針《ちゅうしゃばり》が開発《かいはつ》されました。

もっと知《し》りたい！

蚊《か》は熱《ねつ》に敏感《びんかん》で、0.05℃の違《ちが》いもわかる。体温《たいおん》が高《たか》い人《ひと》ほど刺《さ》されやすい

地《ち》下《か》鉄《てつ》ができたのは フナクイムシのおかげ

砂《すな》山《やま》にトンネルを掘《ほ》ろうとしても、掘《ほ》ったそばから上《うえ》の砂《すな》が落《お》ちてきてうまくいきません。

昔《むかし》の人《ひと》も、地《ち》下《か》道《どう》を掘《ほ》るとき同《おな》じように悩《なや》んでいました。解決《かいけつ》のヒントになったのがフナクイムシです。

フナクイムシは、海《うみ》に浮《う》かぶ木材《もくざい》を食《た》べます。木材《もくざい》を食《た》べ進《すす》めるときは、口《くち》の先《さき》にある2枚《まい》の貝殻《かいがら》で木《き》をけずり、同時《どうじ》に体《からだ》から接着剤《せっちゃくざい》のようにネバネバした液体《えきたい》を出《だ》します。**この粘液《ねんえき》で穴《あな》の内側《うちがわ》をぬり固《かた》めて、穴《あな》がくずれないようにしている**のです。

これを見《み》た技師《ぎし》が、やり方《かた》をまねたことで、地《ち》下《か》鉄《てつ》が通《とお》るほど大《おお》きなトンネルも掘《ほ》れるようになりました。シールド工法《こうほう》とよばれます。

もっと知《し》りたい！

世界最長《せかいさいちょう》のトンネルは長《なが》さ57kmのゴッタルドベーストンネル（スイス）

＋もっと知《し》りたい

生《い》き物《もの》に学《まな》んで生《う》まれた発明品《はつめいひん》

生《い》き物《もの》の体《からだ》の特長《とくちょう》や機能《きのう》を取《と》り入《い》れた科学技術《かがくぎじゅつ》を「バイオミメティクス」と言《い》います。現在《げんざい》、様々《さまざま》な分野《ぶんや》で研究《けんきゅう》や開発《かいはつ》が進《すす》められています。

ネコの舌《した》からできた掃除機《そうじき》

ネコは舌《した》の表面《ひょうめん》にたくさんある小《ちい》さな突起《とっき》をブラシ代《が》わりにして、毛《け》づくろいをします。これにヒントを得《え》たのが掃除《そうじ》機《き》です。

掃除機《そうじき》がホコリを吸《す》い取《と》ったら、ゴミをためるスペースにあるスクリューが回転《かいてん》！　スクリューの羽根《はね》についた小《ちい》さな突起《とっき》が、ネコの舌《した》のように、ホコリの繊維《せんい》を解《と》きほぐします。

トゲトゲ
トゲトゲ
むだにトゲトゲしてるわけじゃないんやで

その結果《けっか》、ホコリにふくまれる空気《くうき》が抜《ぬ》けて、ゴミを15分《ぶん》の1の大《おお》きさに圧縮《あっしゅく》できました。

ガの眼《め》のように光《ひかり》を反射《はんしゃ》しないフィルム

ガの眼《め》の表面《ひょうめん》には、小《ちい》さな突起《とっき》がびっしりと並《なら》んでいます。

突起《とっき》のおかげで、わずかな光《ひかり》も反《はん》射《しゃ》することなく、ほとんど吸収《きゅうしゅう》します。だから夜《よる》でもまわりが見《み》えるのです。

これを応用《おうよう》したのが、スマートフォンなどに貼《は》る保護《ほご》フィルム。ガの眼《め》と同《おな》じように、フィルムの表面《ひょうめん》に小《ちい》さな突起《とっき》を作《つく》ることで、光《ひかり》を反射《はんしゃ》せず画面《がめん》が見《み》やすいフィルムができました。

マネしても
よろしくてよ!

フジツボみたいに取《と》れない接着剤《せっちゃくざい》

事故《じこ》や病気《びょうき》で、血管《けっかん》や臓器《ぞうき》が破《やぶ》れたら、すぐに傷口《きずぐち》をふさがないといけません。しかしすぐに手術《しゅじゅつ》をする時間《じかん》がない場合《ばあい》もあります。そこで、フジツボの粘液《ねんえき》をヒントにして、体《からだ》に使《つか》える接着剤《せっちゃくざい》が開発《かいはつ》されています。

フジツボは、対象物《たいしょうぶつ》の表面《ひょうめん》を油《あぶら》で洗《あら》い流《なが》してから、たんぱく質《しつ》でできた接着液《せっちゃくえき》を出《だ》してカメやクジラにくっつきます。

とれないっ
ベッタリ…
くっつくワザなら
ワシにまかせろ!

この仕組《しく》みと成分《せいぶん》を再現《さいげん》したのりのようなものを、心臓《しんぞう》に穴《あな》が開《ひら》いたラットにぬったところ、わずか数秒《すうびょう》で血《ち》が止《と》まり、2週間後《しゅうかんご》も問《もん》題《だい》なく生《い》きていたと報告《ほうこく》されています。

傘《かさ》はドライヤーでよみがえる

すごい

新《しん》品《ぴん》の傘《かさ》は水《みず》をよく弾《はじ》きます。生地《きじ》の表面《ひょうめん》に、「フッ素《そ》」という水《みず》を弾《はじ》く物質《ぶっしつ》がコーティングされているからです。

ところが長《なが》く使《つか》っていると、水滴《すいてき》が流《なが》れにくくなります。表面《ひょうめん》に加工《かこう》されたフッ素《そ》の「並《なら》び方《かた》」が、乱《みだ》れてしまうためです。

フッ素《そ》は最初《さいしょ》、一直線《いっちょくせん》に並《なら》んでいます。しかし、こすれたり汚《よご》れがついたりすることで、並《なら》び方《かた》がまだらになります。すると、水滴《すいてき》が途中《とちゅう》で引《ひ》っかかり流《なが》れが悪《わる》くなるのです。

乱《みだ》れた並《なら》びは、熱《ねつ》を加《くわ》えることで元《もと》に戻《もど》せます。生地《きじ》を乾《かわ》かしてから、傘全体《かさぜんたい》にドライヤーの温風《おんぷう》を当《あ》てると、また水《みず》を弾《はじ》くようになります。

もっと知《し》りたい！

2015年《ねん》に中国《ちゅうごく》が作《つく》った世界最大《せかいさいだい》の傘《かさ》は、直径約《ちょっけいやく》23m、高《たか》さ14・4m、重《おも》さ5700kg

黒《くろ》い服《ふく》を着《き》ると冷房《れいぼう》で体《からだ》が冷《ひ》える

なるほど

夏《なつ》に黒《くろ》い服《ふく》を着《き》るのはおすすめしません。

1つは、**熱《ねつ》を持《も》ちやすいから**。太《たい》陽《よう》の光《ひかり》をはね返《かえ》す程度《ていど》（反射率《はんしゃりつ》）は、色《いろ》によって違《ちが》います。いちばんはね返《かえ》すのは白《しろ》です。反対《はんたい》に、黒《くろ》は光《ひかり》の90％近《ちか》くを吸収《きゅうしゅう》してしまいます。だから、熱《ねつ》を持《も》ちやすいのです。

もう1つは、**熱《ねつ》を逃《に》がしやすいから**。じつは黒《くろ》には、冷《さ》めやすいという特性《とくせい》もあります。そのため冷房《れいぼう》の効《き》いた部屋《へや》で黒《くろ》い服《ふく》を着《き》ていると、ほかの色《いろ》の服《ふく》よりも体温《たいおん》をうばわれて体《からだ》が冷《ひ》えやすくなります。

同《おな》じ理由《りゆう》で、日傘《ひがさ》は表《おもて》が白《しろ》、裏《うら》は黒《くろ》が最強《さいきょう》です。表《おもて》の白《しろ》で光《ひかり》をはね返《かえ》し、裏《うら》の黒《くろ》で熱《ねつ》を吸収《きゅうしゅう》します。

衝撃《しょうげき》の事実《じじつ》！

いちばん光《ひかり》を吸収《きゅうしゅう》するのは、黒《くろ》ではなく深緑《ふかみどり》で、光《ひかり》の87％を吸収《きゅうしゅう》する

真空《しんくう》パックは本当《ほんとう》の真空《しんくう》ではない

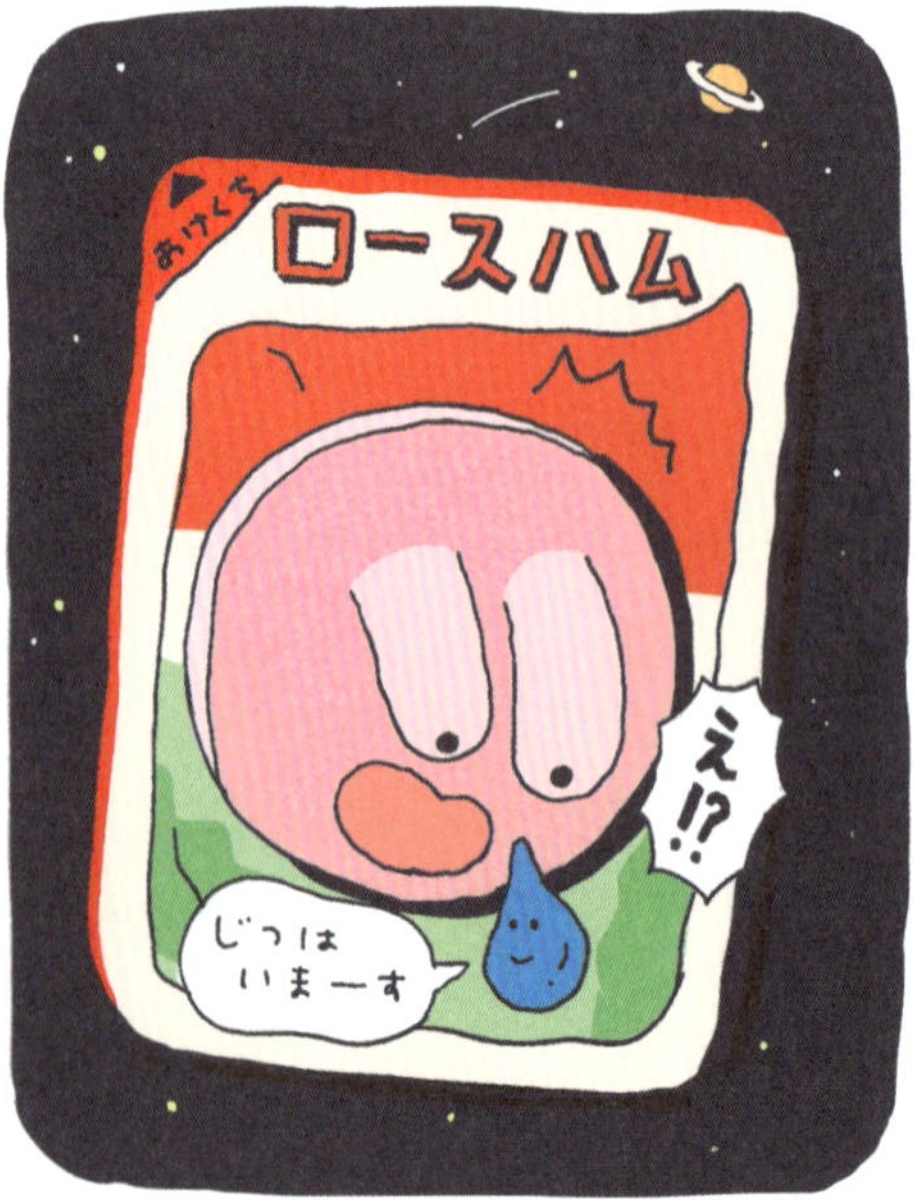
ロースハム
え!?
じつは いまーす

びっくり

真《しん》空《くう》とは「空気《くうき》すらないからっぽの状態《じょうたい》」のこと。お店《みせ》で売《う》られているカット野菜《やさい》や生《なま》ハムは、「真空《しんくう》パック」という方法《ほうほう》で保存《ほぞん》されています。食品《しょくひん》をつめた袋《ふくろ》から空《くう》気《き》を吸《す》い出《だ》して、食品《しょくひん》が腐《くさ》るのを遅《おく》らせています。

ただし**真空《しんくう》パックの中《なか》の空気《くうき》は、地上《ちじょう》の100分《ぶん》の1ほどの薄《うす》さ**。完《かん》全《ぜん》に空気《くうき》がないわけではありません。

むしろ、食中毒《しょくちゅうどく》を引《ひ》き起《お》こすボツリヌス菌《きん》は空気《くうき》が少《すく》ない状態《じょうたい》で増《ふ》えるので、安全《あんぜん》とは言《い》えないのです。

なお、レトルトパウチ食品《しょくひん》は、120℃で4分《ぷん》以上《いじょう》加熱《かねつ》することでボツリヌス菌《きん》を殺菌《さっきん》するため、安全《あんぜん》に食《た》べられます。

衝撃《しょうげき》の事実《じじつ》！

宇宙空間《うちゅうくうかん》も真空《しんくう》ではない。空気《くうき》はないが水素《すいそ》やヘリウムなどがわずかにある

容器《ようき》の色《いろ》で味《あじ》は変《か》わる

すごい

すっぱい飲《の》み物《もの》と聞《き》いて、どんな色《いろ》をイメージしますか？　じつはその色《いろ》で、味《あじ》が変《か》わります。千葉大学《ちばだいがく》の研究《けんきゅう》で、飲《の》み物《もの》の容器《ようき》の色《いろ》によって、特定《とくてい》の味《あじ》が強《つよ》まったり、弱《よわ》くなったりすることがわかりました。たとえば、黄色《きいろ》は酸味《さんみ》を、ピンクは塩味《しおあじ》を強《つよ》めます。一方《いっぽう》で、緑色《みどりいろ》は甘味《あまみ》を弱《よわ》める結果《けっか》が出《で》ました。

これは**色《いろ》からイメージする味《あじ》があることが関係《かんけい》します**。黄色《きいろ》はレモンなどすっぱい味《あじ》を連想《れんそう》するため、酸味《さんみ》はよりすっぱく感《かん》じる。一方《いっぽう》で、緑色《いろ》はお茶《ちゃ》など苦《にが》い味《あじ》を連想《れんそう》するため、甘味《あまみ》は逆《ぎゃく》に弱《よわ》く感《かん》じます。でも、ピンクが塩味《しおあじ》を強《つよ》める理由《りゆう》は謎《なぞ》のまま。皆《みな》さんはどうしてだと思《おも》いますか？

衝撃《しょうげき》の事実《じじつ》！

白《しろ》い皿《さら》に白《しろ》いパスタを盛《も》ると黒《くろ》い皿《さら》より22%量《りょう》が多《おお》く見《み》える実験結果《じっけんけっか》もある

錬《れん》金《きん》術《じゅつ》師《し》がおしっこを煮《に》つめて発《はっ》見《けん》した元《げん》素《そ》がある

自《し》然《ぜん》、動《どう》物《ぶつ》、そして宇《う》宙《ちゅう》も、この世《よ》のものはすべて「元《げん》素《そ》」が組《く》み合《あ》わさってできています。元《げん》素《そ》とは、いろいろなものを作《つく》るもとになる成《せい》分《ぶん》のこと。たとえば水《みず》は、水《すい》素《そ》と酸《さん》素《そ》という2つの元《げん》素《そ》が結《むす》びついてできています。また岩《いわ》は、酸《さん》素《そ》、ケイ素《そ》、アルミニウム、鉄《てつ》など、たくさんの元《げん》素《そ》からできています。こうした元《げん》素《そ》は、現《げん》在《ざい》118種《しゅ》類《るい》あることがわかっています。

そのうちの1つである**リンは、生《い》き物《もの》の体《からだ》を作《つく》るのに欠《か》かせない大《たい》切《せつ》な元《げん》素《そ》**です。これを発《はっ》見《けん》したのは、ヘニッヒ・ブラントという17世《せい》紀《き》の錬《れん》金《きん》術《じゅつ》師《し》でした。彼《かれ》はいろいろな物《ぶっ》質《しつ》を組《く》み合《あ》わせて、高《こう》価《か》な金《きん》を人《じん》工《こう》

的《てき》に作《つく》り出《だ》す方法《ほうほう》を研究《けんきゅう》していました。その中《なか》で金《きん》がおしっこの色《いろ》と似《に》ていることに目《め》をつけ、「おしっこから金《きん》を作《つく》ろう！」とひらめきます。

それから**5500L《リットル》ものおしっこを集《あつ》めて、ぐつぐつと煮《に》つめ続《つづ》けた結果《けっか》、白《しろ》く輝《かがや》く液体《えきたい》（白《はく》リン）を取《と》り出《だ》すことに成功《せいこう》**したのです。

なお、金《きん》は作《つく》れませんでした。

元素《げんそ》を作《つく》った！

錬金術師《れんきんじゅつし》には無理《むり》でしたが、現代《げんだい》の科学技術《かがくぎじゅつ》を使《つか》えば新元素《しんげんそ》を作《つく》り出《だ》せます。日本《にほん》の研究《けんきゅう》チームが575日《にち》の大実験《だいじっけん》によって2016年《ねん》に新元素《しんげんそ》を作《つく》ったのです。「ニホニウム」という名前《なまえ》がつけられています。

もっと知《し》りたい！

イタリアのメンギーニは血液《けつえき》を燃《も》やし、磁石《じしゃく》に引《ひ》き付《つ》けられる成分《せいぶん》として鉄《てつ》を発見《はっけん》した

AI《エーアイ》の弱点《じゃくてん》は反省《はんせい》できないこと

質《しつ》問《もん》に答《こた》えたり、異常《いじょう》を検知《けんち》したり、絵《え》や曲《きょく》を作《つく》ったりと、いまやＡＩ（人工知能《じんこうちのう》）は、あらゆる分野《ぶんや》で活用《かつよう》されています。

ところがＡＩにも苦手《にがて》なことがあります。反省《はんせい》ができないのです。

たとえば、「イヌの絵《え》がほしい」と指示《しじ》をして「ひづめがあるイヌの絵《え》」が出《で》てきたとします。人間《にんげん》なら「足《あし》だけウマの写真《しゃしん》を参考《さんこう》にしたからだ」と失敗《しっぱい》の原因《げんいん》がわかります。

一方《いっぽう》、ＡＩは数百億《すうひゃくおく》以上《いじょう》の文章《ぶんしょう》や画像《がぞう》を学習《がくしゅう》し、その組《く》み合《あ》わせから答《こた》えを出《だ》します。**データ量《りょう》が多《おお》すぎて、どの情報《じょうほう》をどんな理由《りゆう》で参考《さんこう》にしたのかが複雑《ふくざつ》すぎる**ので、答《こた》えの改善《かいぜん》や再現《さいげん》が難《むずか》しいのです。

もっと知《し》りたい！

AIに睡眠《すいみん》（オフライン期間《きかん》）をとらせると学習効率《がくしゅうこうりつ》が上《あ》がった報告《ほうこく》もある

コンセントの穴《あな》は左《さ》右《ゆう》で大《おお》きさが違《ちが》う

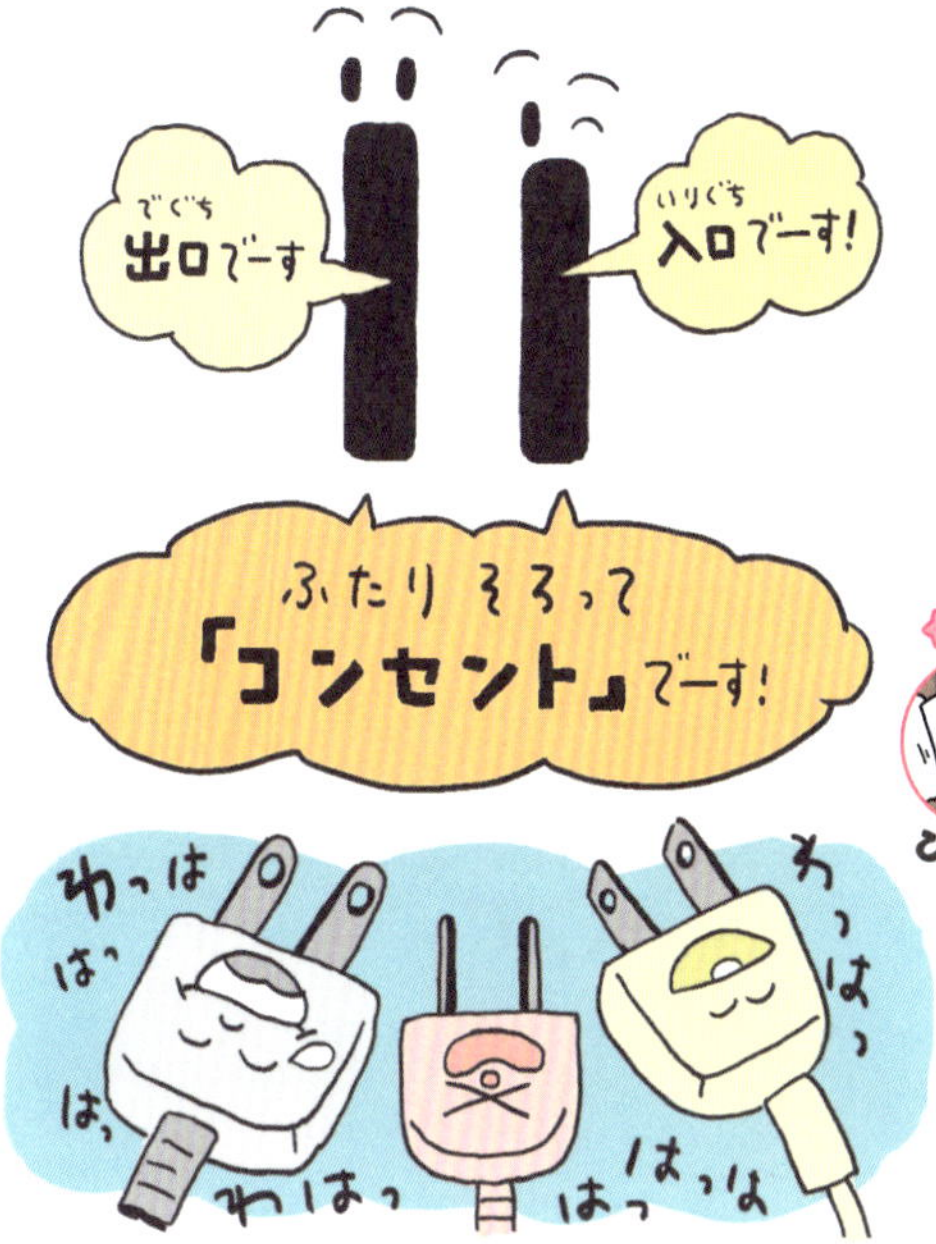
出口《でぐち》でーす
入口《いりぐち》でーす!
ふたり そろって「コンセント」でーす!
わっは
はっ
はっ
わはっ
はっはっは
わっはっ

びっくり

コンセントの穴《あな》を定規《じょうぎ》ではかってみましょう。右《みぎ》は7㎜、左《ひだり》は9㎜と大《おお》きさが違《ちが》うはずです。

その理由《りゆう》は、**左右《さゆう》で穴《あな》の役割《やくわり》が違《ちが》うから**。右《みぎ》の穴《あな》は「電圧側《でんあつがわ》」と言《い》って、電源《でんげん》プラグに電気《でんき》が流《なが》れこむ入《い》り口《ぐち》になっています。反対《はんたい》に、左《ひだり》の大《おお》きい穴《あな》は「設置側《せっちがわ》」と言《い》って、家《か》電製品《でんせいひん》を通過《つうか》した電気《でんき》を外《そと》に逃《に》がしています。この出口《でぐち》は「アース」とよばれ、地面《じめん》につながっています。

穴《あな》の大《おお》きさを変《か》えているのは、工《こう》事《じ》や修理《しゅうり》をするときに配線《はいせん》をすぐに見分《みわ》けられるようにするためです。ただし電源《でんげん》プラグの刃《は》は、左右《さゆう》とも同《おな》じ大《おお》きさなので、普通《ふつう》に使《つか》う分《ぶん》には気《き》にする必要《ひつよう》はありません。

もっと知《し》りたい!

電源《でんげん》プラグを挿《さ》すと刃《は》にある穴《あな》に突起《とっき》が入《はい》って、かんたんに抜《ぬ》けない

えんぴつ1本《ぽん》で書《か》ける線《せん》はフルマラソンより長《なが》い

すごい

H《エイチ》B《ビー》えんぴつ（長《なが》さ176㎜）で、芯《しん》がなくなるまで紙《かみ》に線《せん》を引《ひ》きます。すると、計算上《けいさんじょう》は1本《ぽん》で約《やく》50㎞、なんとフルマラソン（42・195㎞）よりも長《なが》い線《せん》が引《ひ》けるのです。

また、ある番組《ばんぐみ》の実験《じっけん》によると、えんぴつ1本《ぽん》で約《やく》7万文字《まんもじ》、**原稿用《げんこうよう》紙《し》175枚分《まいぶん》の文字《もじ》が書《か》ける**ことがわかりました。

一方《いっぽう》シャープペンシルだと、1本《ぽん》で引《ひ》ける線《せん》の長《なが》さは、約《やく》240m（長《なが》さ60㎜、太《ふと》さ0・5㎜のHB芯《しん》の場合《ばあい》）。つまり、えんぴつ1本《ぽん》で、シャーペンの芯約《しんやく》208本分《ほんぶん》のはたらきができる計算《けいさん》になります。

そう考《かんが》えると、えんぴつはとってもお得《とく》な文房具《ぶんぼうぐ》です。

もっと知《し》りたい！

えんぴつの芯《しん》は黒鉛《こくえん》と粘土《ねんど》で作《つく》られる。粘土《ねんど》が多《おお》いほど色《いろ》が薄《うす》く、硬《かた》くなる

電車《でんしゃ》のレール音《おん》は夏《なつ》より冬《ふゆ》がうるさい

電《でん》車《しゃ》に乗《の》ると「ガタンゴトン」という音《おと》がしますね。

これは、電車《でんしゃ》が走《はし》るレールに、わずかなすき間《ま》があるからです。1本《ぽん》の長《なが》いレールは、25mの短《みじか》いレールを何本《なんぼん》も組《く》み合《あ》わせてできています。この短《みじか》いレールをつなげるときに、わざとすき間《ま》を作《つく》っておくのです。

その理由《りゆう》は、事故《じこ》を防《ふせ》ぐため。レールの素材《そざい》である鉄《てつ》は、温《あたた》めるとふくらみ、冷《ひ》やすと縮《ちぢ》みます。レールにすき間《ま》がないと、夏《なつ》の暑《あつ》い時期《じき》にレールが伸《の》びて曲《ま》がってしまい、脱《だっ》線事故《せんじこ》を起《お》こすかもしれないのです。

逆《ぎゃく》に**冬《ふゆ》の寒《さむ》い時期《じき》は、レールが縮《ちぢ》んですき間《ま》が大《おお》きくなります**。だから電車《でんしゃ》の音《おと》がうるさくなるのです。

もっと知《し》りたい!

最近《さいきん》では、数《すう》kmにわたってすき間《ま》がないロングレールも開発《かいはつ》されている

エレベーターに乗《の》ると体重《たいじゅう》が変《か》わる

すごい

本《ほん》当《とう》です。体重《たいじゅう》50kgの人《ひと》なら、高速《こうそく》のエレベーターが上《あ》がり始《はじ》めたとき体重計《たいじゅうけい》は60kgに、下《さ》がり始《はじ》めたときは40kgくらいになります。

その人自身《ひとじしん》が、重《おも》くなったり軽《かる》くなったりするわけではありません。**「慣性《かんせい》」という性質《せいしつ》があるため、体《たい》重《じゅう》が変《か》わったように感《かん》じる**のです。

慣性力《かんせいりょく》とは、物体《ぶったい》が同《おな》じ状態《じょうたい》を保《たも》とうとする力《ちから》のこと。たとえば、車《くるま》が急発進《きゅうはっしん》すると、体《からだ》は座席《ざせき》に押《お》さえつけられます。これは前《まえ》に進《すす》む車《くるま》に対《たい》して、体《からだ》は「その場《ば》にとどまろう」とする慣性力《かんせいりょく》がはたらき、車《くるま》と体《からだ》の進《すす》む速度《そくど》に差《さ》が生《う》まれるためです。

反対《はんたい》に、車《くるま》が急停止《きゅうていし》したとき、体《からだ》は前《まえ》に投《な》げ出《だ》されます。急発進《きゅうはっしん》とは

逆《ぎゃく》に、体《からだ》には「前《まえ》に進《すす》もう」とする慣性力《かんせいりょく》がはたらくためです。

エレベーターで体重計《たいじゅうけい》の数値《すうち》が変《か》わるのも、同《おな》じ理屈《りくつ》です。10階以上《かいいじょう》の建物《たてもの》のエレベーターで上《あ》がり始《はじ》めると、体《からだ》はその場《ば》にとどまろうとして下《した》向《む》きに力《ちから》がはたらき、体重計《たいじゅうけい》は重《おも》くなります。反対《はんたい》に下《さ》がり始《はじ》めると、上向《うわむ》きに力《ちから》がはたらいて軽《かる》くなるのです。

体重《たいじゅう》が変《か》わる原理《げんり》

下《くだ》りのエレベーターが加速《かそく》すると体重計《たいじゅうけい》が軽《かる》くなるということは、加速《かそく》し続《つづ》けられたら重力《じゅうりょく》がなくなったようになるはず! じつはISS(国際宇宙《こくさいうちゅう》ステーション)は、この原理《げんり》で重力《じゅうりょく》がないような状態《じょうたい》を作《つく》り出《だ》しています。

もっと知《し》りたい!

多《おお》くのエレベーターでは階数《かいすう》ボタンを長押《ながお》しか、2回速《かいはや》く押《お》すとキャンセルできる

インスタントラーメンは天《てん》ぷらから生《う》まれた

オウ
マイベイビー
♪♫

なるほど

世《せ》界《かい》で初《はじ》めてインスタントラーメンを発明《はつめい》したのは、日清食《にっしんしょく》品《ひん》の創業者《そうぎょうしゃ》の安藤百福《あんどうももふく》です。

１９１０年《ねん》に生《う》まれた安藤《あんどう》は、戦《せん》中戦後《ちゅうせんご》に食《た》べ物《もの》が不足《ふそく》した経験《けいけん》から、すぐに食《た》べられて保存《ほぞん》できるラーメンを作《つく》りたいと考《かんが》えました。

しかし、水《みず》をふくんだ生麺《なまめん》はすぐに腐《くさ》ってしまいます。どうすれば麺《めん》を長《なが》く保存《ほぞん》できるのか。その答《こた》えのヒントになったのが、天《てん》ぷらでした。安藤《あんどう》は、妻《つま》が台所《だいどころ》で天《てん》ぷらを揚《あ》げているのを見《み》て、**油《あぶら》の熱《ねつ》で麺《めん》の水分《すいぶん》を飛《と》ばせばいいことに気《き》づいた**のです。

この方法《ほうほう》は、「瞬間油熱乾燥法《しゅんかんゆねつかんそうほう》」と名《な》づけられ、現在《げんざい》のインスタントラーメンも同《おな》じ方法《ほうほう》で作《つく》られています。

衝撃《しょうげき》の事実《じじつ》！

天《てん》ぷらは「テンポーラ（temporas）」という祝日《しゅくじつ》に食《た》べる、ポルトガル料理《りょうり》が由来《ゆらい》

クレーンはビルを自力《じりき》で上《のぼ》っている

高《こう》層《そう》ビルの上《うえ》に、大《おお》きなクレーンがのっているのを見《み》たことはありませんか？

あれは屋上《おくじょう》で組《く》み立《た》てているわけではありません。少《すこ》しずつ、自力《じりき》でビルを上《のぼ》っているのです。

その方法《ほうほう》は、シャクトリムシによく似《に》ています。まず、長《なが》い支柱《しちゅう》（体《からだ》）を伸《の》ばして、クレーン本体《ほんたい》（頭《あたま》）を上《うえ》の階《かい》に持《も》ち上《あ》げます。次《つぎ》に、クレーン本体《ほんたい》を上《うえ》の階《かい》に固定《こてい》したら、今《こん》度《ど》は支柱《しちゅう》を上《うえ》から引《ひ》っ張《ぱ》り上《あ》げます。

その後《あと》、支柱《しちゅう》の土台《どだい》部分《ぶぶん》を上《うえ》の階《かい》に固定《こてい》して、ふたたびクレーン本体《ほんたい》をさらに上《うえ》の階《かい》に持《も》ち上《あ》げます。

これを何回《なんかい》もくり返《かえ》して、少《すこ》しずつ上《あ》がっていくのです。

もっと知《し》りたい！

下《お》ろすときは屋上《おくじょう》で解体用《かいたいよう》の小《しょう》クレーンを組《く》み立《た》て、少《すこ》しずつ分解《ぶんかい》して下《お》ろす

氷《こおり》は電子《でんし》レンジで温《あたた》めてもすぐに溶《と》けない

とけてなーーーい!
がっちり

なるほど

電《でん》子《し》レンジで食《た》べ物《もの》が温《あたた》まるのは、おしくらまんじゅうで体《からだ》が温《あたた》かくなるのと、似《に》ています。

電子《でんし》レンジを起動《きどう》すると、マイクロ波《は》という電磁波《でんじは》が中《なか》で発射《はっしゃ》されます。この電磁波《でんじは》は、食《た》べ物《もの》にふくまれる水分《すいぶん》を超高速《ちょうこうそく》で揺《ゆ》らします。水《みず》と水《みず》が、たがいにこすれ合《あ》って熱《ねつ》を発《はっ》するので、食《た》べ物《もの》が温《あたた》まるのです。

ところが水《みず》に比《くら》べて、**氷《こおり》は8000倍《ばい》も温《あたた》まりにくくなっています**。どちらも成分《せいぶん》は同《おな》じですが、並《なら》び方《かた》が違《ちが》うためです。水《みず》はゆるやかに手《て》をつないだ状態《じょうたい》。一方《いっぽう》、氷《こおり》は全員《ぜんいん》でがっちりと抱《だ》き合《あ》ったような状態《じょうたい》。

すき間《ま》がないので、揺《ゆ》れてもこすれ合《あ》わず、温《あたた》まりにくいのです。

意外《いがい》なカンケイ

これを応用《おうよう》して、冷凍食品《れいとうしょくひん》の冷《ひ》やし中華《ちゅうか》ができるようになった

がんばれば熱《あつ》い氷《こおり》もできる

水《みず》は0℃で氷《こおり》になり、100℃で水蒸気《すいじょうき》になる。これは「当《あ》たり前《まえ》」ではありません。

たとえば富士山頂《ふじさんちょう》では、水《みず》は約《やく》87℃で沸騰《ふっとう》します。地上《ちじょう》に比《くら》べて、気《き》圧《あつ》が3分《ぶん》の2しかないからです。逆《ぎゃく》に圧力鍋《あつりょくなべ》で圧力《あつりょく》をかけると、水《みず》は100℃を超《こ》えても沸騰《ふっとう》しません。つまり**水《みず》が水蒸気《すいじょうき》になる温度《おんど》（沸点《ふってん》）は、水《みず》を押《お》さえつける空気《くうき》の力《ちから》の強《つよ》さ（気圧《きあつ》）によって変《か》わる**のです。

氷結点《ひょうけってん》（水《みず》が凍《こお》る温度《おんど》）についても同《おな》じことが言《い》えます。高《たか》い圧力《あつりょく》をかければ、冷《ひ》やさなくても0℃以下《いか》まで水《みず》は固《かた》まります。2万《まん》気《き》圧《あつ》以上《いじょう》であれば、100℃を超《こ》える熱《あつ》い氷《こおり》だってできるのです。

もっと知《し》りたい！

食塩水《しょくえんすい》は水《みず》が固《かた》まるのを塩《しお》の粒《つぶ》がじゃまして、0°C以下《いか》でも固《かた》まらない

電子《でんし》レンジでイモをふかしても甘《あま》くない

そんなに甘《あま》くないよ

なるほど

サツマイモが甘《あま》くなる秘密《ひみつ》は、加熱《かねつ》する温度《おんど》にあります。

サツマイモは、生《なま》のまま食《た》べても甘《あま》くありません。焼《や》くと甘《あま》くなるのは、化学反応《かがくはんのう》を助《たす》ける「酵素《こうそ》」という物質《ぶっしつ》のおかげです。

この酵素《こうそ》は、サツマイモに多《おお》くふくまれるデンプンを、甘《あま》い糖《とう》に変《か》えるはたらきがあります。そして、**この酵素《こうそ》が、いちばんはたらく温度《おんど》が60〜70℃**なのです。

石焼《いしや》きイモが甘《あま》いのは、この温度帯《おんどたい》でゆっくり加熱《かねつ》するからです。

一方《いっぽう》、電子《でんし》レンジで温《あたた》めると、中《なか》の温度《おんど》が高《たか》くなりすぎて、でんぷんを糖《とう》に変《か》える前《まえ》に酵素《こうそ》がはたらかなくなります。だから甘《あま》くなりません。

もっと知《し》りたい！

イモは収穫後《しゅうかくご》に長《なが》く寝《ね》かせるほど、酵素《こうそ》がでんぷんを糖《とう》に変《か》えて甘《あま》くなる

スマホを触《さわ》るたびに感《かん》電《でん》している

おっ そこね！
ビリッ

なるほど

スマートフォンの画面《がめん》にふれると、ネットで動画《どうが》を見《み》たり、音楽《おんがく》を再生《さいせい》できたりします。ボタンがないのに、どうして画面《がめん》を操作《そうさ》できるのでしょうか？

その秘密《ひみつ》は、タッチパネルにあります。パネルの中《なか》には電流《でんりゅう》が流《なが》れる部品《ぶひん》「電極《でんきょく》」がすき間《ま》なく並《なら》んでいます。そのため**パネルの表面《ひょうめん》には、常《つね》にごく弱《よわ》い静電気《せいでんき》が流《なが》れています**。

パネルを触《さわ》ると、この静電気《せいでんき》が指《ゆび》に移動《いどう》（感電《かんでん》）します。すると、スマホのセンサーが、静電気《せいでんき》が移動《いどう》した画面《がめん》の位置《いち》を読《よ》み取《と》り、人《ひと》の操作《そうさ》をスマホが実行《じっこう》。タップ、スワイプ、長押《ながお》しなど、静電気《せいでんき》の変化《へんか》に応《おう》じて、表示《ひょうじ》される画面《がめん》を変《か》えているのです。

もっと知《し》りたい！

手袋《てぶくろ》でスマホが動《うご》かせないのは、布《ぬの》が電気《でんき》を通《とお》さないため

+もっと知《し》りたい

お金《かね》は最《さい》先《せん》端《たん》テクノロジーの結《けっ》晶《しょう》

2024年《ねん》7月《がつ》から、20年《ねん》ぶりに新《あたら》しいお札《さつ》が発行《はっこう》されました。電子《でんし》マネーが当《あ》たり前《まえ》になった時代《じだい》に、紙《かみ》のお札《さつ》なんて古《ふる》いと思《おも》うかもしれません。でも、ニセ札《さつ》をつくらせないための最先端《さいせんたん》技術《ぎじゅつ》がたくさん施《ほどこ》されているのです。

高精細《こうせいさい》のすかしとすき入《い》れ

お札《さつ》を光《ひかり》にかざすと、○の部分《ぶぶん》に人物《じんぶつ》が浮《う》かび上《あ》がります。さらにその背後《はいご》には、細《こま》かい模様《もよう》も入《い》れられています。

マイクロ文字《もじ》がある

表面《おもてめん》の右下《みぎした》や裏面《うらめん》の左下《ひだりした》に、虫眼鏡《むしめがね》を使《つか》わないと見《み》えないくらい小《ちい》さな文字《もじ》で「NIPPONGINKO」と書《か》かれています。探《さが》してみましょう!

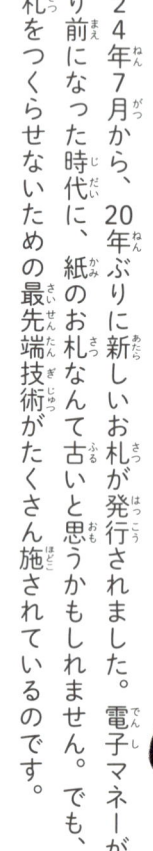

3D《スリーディー》ホログラム

お札《さつ》を傾《かたむ》けると、3Dで表現《ひょうげん》された人物《じんぶつ》の顔《かお》や体《からだ》の向《む》きが変《か》わります。お札《さつ》に使《つか》われるのは世界初《せかいはつ》の技術《ぎじゅつ》です。

数字《すうじ》の部分《ぶぶん》だけインクが厚《あつ》い

深凹版印刷《ふかおうはんいんさつ》という技術《ぎじゅつ》で、金額《きんがく》（壱万円《いちまんえん》）や数字《すうじ》（10000）の部分《ぶぶん》だけインクが盛《も》り上《あ》がっています。触《さわ》るとざらざらとしています。

ブラックライトを当《あ》てるとお札《さつ》が光《ひか》る

紫外線《しがいせん》を当《あ》てると、印章《いんしょう》（日本銀行総裁印《にほんぎんこうそうさいいん》）や図柄《ずがら》の一部《いちぶ》が黄色《きいろ》く光《ひか》ります。

おまけ③
実験《じっけん》！カイロを作《つく》ってみよう

1
寒《さむ》い〜！
そうだ！
カイロ使《つか》お！
カイロ
2
…わたしを
袋《ふくろ》から出《だ》すとなぜ
あたたかくなるか
知っていますか？
!?
カイロがしゃべった！
3
使《つ》い捨《す》てカイロの
中《なか》には鉄《てつ》の粉《こな》などが
入《はい》っているんですが…
鉄《てつ》は酸素《さんそ》にふれると
さびて熱《ねつ》を出《だ》すのです。
あついぜ！
てつ
さんそ
ロマンティック…
4
カイロはこの熱《ねつ》を
うまく利用《りよう》して
あたたかくなります！
あちっあち
…ちなみに
すぐあたたかくなるのは
鉄《てつ》の粉《こな》と一緒《いっしょ》に
入《はい》ってるいくつかの
材料《ざいりょう》のおかげです。
5
材料《ざいりょう》をそろえれば
きみもつくれるよ！
材料《ざいりょう》
● 鉄粉《てつふん》 20g
（大型《おおがた》ホームセンターなどで売《う》っている）
● 食塩水《しょくえんすい》 5ml
（100mlの水《みず》に5gの塩《しお》をとかしたもの）
● バーミキュライト 5g
（園芸店《えんげいてん》に売《う》っている）
● ファスナー付《つ》きポリ袋《ぶくろ》
● ティッシュ
バーミキュライト
食塩水《しょくえんすい》
①よくまぜる
ティッシュにくるんだ
鉄粉《てつふん》
ファスナーは
開《あ》けたまま
②よくもむ
あったかーい
あたたかくなったら
ファスナーを閉《し》めて
完成《かんせい》！
冷《さ》めたら、もう一度《いちど》
開《あ》けてもんでね！

第《だい》4章《しょう》

知《し》れば知《し》るほど好《す》きになる

地《ち》球《きゅう》と宇《う》宙《ちゅう》のひみつ

地球《ちきゅう》の酸素《さんそ》はたった1種類《しゅるい》の生物《せいぶつ》が生《う》み出《だ》した

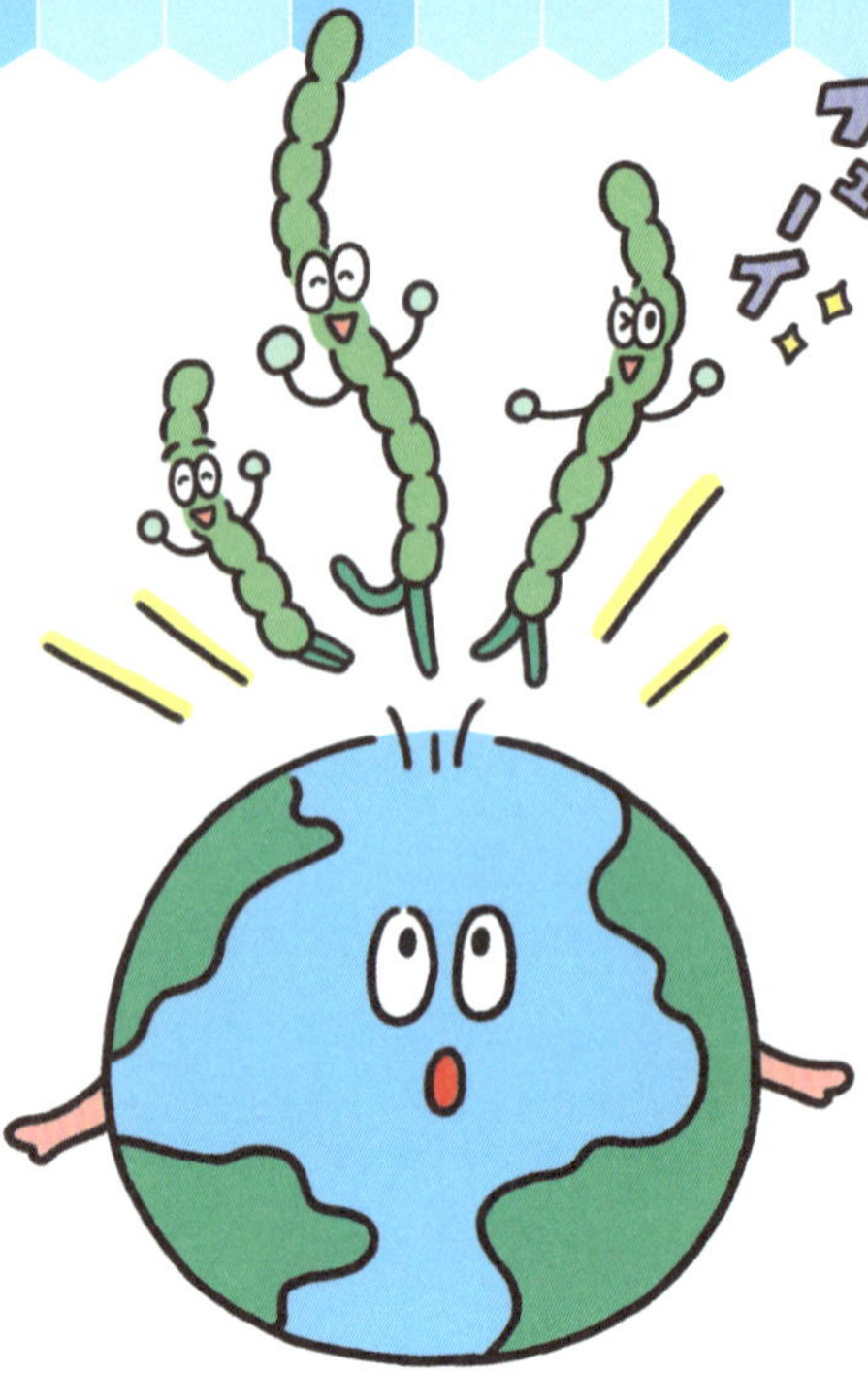

やばい

地《ち》球《きゅう》でくらす生《い》き物《もの》は、酸素《さんそ》がないと生《い》きていけません。でも、大昔《おおむかし》の地球《ちきゅう》には、ほとんど酸素《さんそ》はありませんでした。

ところが約《やく》35億年前《おくねんまえ》、シアノバクテリアという微生物《びせいぶつ》が登場《とうじょう》します。

この微生物《びせいぶつ》は「光合成《こうごうせい》」ができました。光合成《こうごうせい》は、太陽光《たいようこう》のエネルギーを利用《りよう》して、水《みず》と二酸化炭素《にさんかたんそ》から、酸素《さんそ》と養分《ようぶん》（デンプン）を作《つく》ります。

この能力《のうりょく》のおかげで、シアノバクテリアは爆発的《ばくはつてき》に増《ふ》えました。地球《ちきゅう》全体《ぜんたい》に広《ひろ》がり、大量《たいりょう》の酸素《さんそ》を出《だ》し続《つづ》けます。その結果《けっか》、大気《たいき》の約《やく》20%を酸素《さんそ》が占《し》めるまでになりました。

そして地球《ちきゅう》に、酸素《さんそ》を利用《りよう》する様々《さまざま》な生《い》き物《もの》が誕生《たんじょう》したのです。

意外《いがい》なカンケイ

大昔《おおむかし》、鉄《てつ》は海《うみ》に溶《と》けていたが、酸素《さんそ》で酸化《さんか》して沈《しず》み、鉄鉱石《てっこうせき》ができた

地《ち》球《きゅう》は1年《ねん》に5万《まん》トンずつ軽《かる》くなっている

地《ち》球《きゅう》はどんどん軽《かる》くなっています。それは**地《ち》球《きゅう》の水素《すいそ》が、どんどん宇宙《うちゅう》に逃《に》げている**からです。

地球《ちきゅう》の大気《たいき》には、海《うみ》や川《かわ》から蒸発《じょうはつ》した水蒸気《すいじょうき》がたくさん混《ま》じっています。この水蒸気《すいじょうき》（水《みず》）は、太陽光《たいようこう》によって、酸素《さんそ》と水素《すいそ》に分解《ぶんかい》されます。

水素《すいそ》はものすごく軽《かる》いため、上《うえ》へ上《うえ》へと高《たか》い場所《ばしょ》に移動《いどう》していきます。そして最後《さいご》には、地球《ちきゅう》を飛《と》び出《だ》して、宇宙《うちゅう》に流《なが》れていってしまうのです。

その量《りょう》は、年間約《ねんかんやく》9万《まん》t《トン》。なんと小学生《しょうがくせい》約《やく》250万人分《まんにんぶん》です。一方《いっぽう》で、年間約《ねんかんやく》4万《まん》tの隕石《いんせき》やチリが、地球《ちきゅう》の重力《じゅうりょく》で吸《す》い寄《よ》せられています。

だから差《さ》し引《ひ》きして、地球《ちきゅう》は毎年《まいとし》5万《まん》tずつ軽《かる》くなっているのです。

衝撃《しょうげき》の事実《じじつ》！

年《ねん》9万《まん》tの水素《すいそ》がにげても海《うみ》が干上《ひあ》がるまで数兆年《すうちょうねん》かかるため問題《もんだい》はない

アマゾン川《がわ》の地下《ちか》には **アマゾン川《がわ》より大《おお》きい** 川《かわ》がある

ブラジルの北部《ほくぶ》を流《なが》れるアマゾン川《がわ》は、世界最大《せかいさいだい》の川《かわ》です。川《かわ》の長《なが》さは6516km、川《かわ》の面積《めんせき》は約《やく》705万《まん》km^{2}で、なんと日本《にほん》が18個《こ》も入《はい》ってしまう広《ひろ》さがあります。

ところがアマゾン川《がわ》の地下《ちか》には、アマゾン川《がわ》よりも巨大《きょだい》な川《かわ》が流《なが》れていることがわかりました。

名前《なまえ》をハムザ川《がわ》と言《い》います。ハムザ川《がわ》は地下《ちか》4000mにあり、長《なが》さは約《やく》6000kmとアマゾン川《がわ》と同《おな》じくらい。でも**川幅《かわはば》は200～400km と、アマゾン川《がわ》の倍以上《ばいいじょう》**あります。

ただ、水《みず》に大量《たいりょう》の土砂《どしゃ》が混《ま》じっているため、1年《ねん》で10～100mしか進《すす》みません。川《かわ》というより、泥《どろ》のようにほぼ止《と》まって見《み》えるでしょう。

意外《いがい》なカンケイ

日本一《にほんいち》短《みじか》い川《かわ》は和歌山県《わかやまけん》の「ぶつぶつ川《がわ》」。全長《ぜんちょう》13.5m、幅《はば》は約《やく》1m

オーストラリアの近《ちか》くに7番《ばん》目《め》の大《たい》陸《りく》がある

びっくり

ユーラシア
北《きた》アメリカ
アフリカ
オーストラリア
南《みなみ》アメリカ
南極《なんきょく》
姿《すがた》を消《け》した
7番目《ばんめ》の仲間《なかま》とは
いったい…!?

今《いま》の地球《ちきゅう》には、ユーラシア（アジアとヨーロッパ）、アフリカ、北《きた》アメリカ、南《みなみ》アメリカ、オーストラリア、南極《なんきょく》と、合計《ごうけい》6つの大《たい》陸《りく》があります。

これらの大陸《たいりく》は、ゆっくりと動《うご》き続《つづ》けています。ぶつかって、1つになったり、また分《わ》かれたりして、数《すう》千万年前《せんまんねんまえ》に現在《げんざい》の形《かたち》になりました。

しかし2017年《ねん》、オーストラリア近《ちか》くの海《うみ》に、**7つ目《め》の大陸《たいりく》が沈《しず》んでいることがわかりました**。

名前《なまえ》は「ジーランディア」。水深《すいしん》1kmの深海《しんかい》にあり、大《おお》きさはオーストラリアの半分《はんぶん》ほど。3000万年《まんねん》以上前《いじょうまえ》、巨大《きょだい》な大陸《たいりく》が分裂《ぶんれつ》したときに沈没《ちんぼつ》したと考《かんが》えられています。

衝撃《しょうげき》の事実《じじつ》！

日本列島《にほんれっとう》は、今《いま》から約《やく》2000万年前《まんねんまえ》に、ユーラシア大陸《たいりく》から切《き》り離《はな》されてできた

北極《ほっきょく》より南極《なんきょく》のほうがはるかに寒《さむ》い

北極《ほっきょく》
南極《なんきょく》
寒《さむ》さ比《くら》べじゃ勝負《しょうぶ》にならないからなァ〜〜
クゥー
WIN!
北極代表《ほっきょくだいひょう》
南極代表

なるほど

どちらも氷《こおり》でおおわれた寒《さむ》い場《ば》所《しょ》というイメージがあります。しかし、北極《ほっきょく》の平均気温《へいきんきおん》はマイナス約《やく》18℃。一方《いっぽう》、南極《なんきょく》の平均気温《へいきんきおん》はマイナス約《やく》50℃。じつは南極《なんきょく》のほうが、ずっと寒《さむ》いのです。

理由《りゆう》は2つあります。1つは、**海《かい》面《めん》からの高《たか》さ**。北極《ほっきょく》の氷《こおり》の厚《あつ》さは10mほどですが、南極《なんきょく》は2500mもあります。富士山《ふじさん》の6合目《ごうめ》と同《おな》じくらい高《たか》い場所《ばしょ》だから寒《さむ》いのです。

もう1つは、**陸地《りくち》と海《うみ》の違《ちが》い**です。北極《ほっきょく》の氷《こおり》は海《うみ》に浮《う》かんでいますが、南極《なんきょく》の氷《こおり》の下《した》には陸地《りくち》があります。海《うみ》（水《みず》）と陸《りく》（土《つち》）では、陸《りく》のほうが冷《つめ》たくなりやすい性質《せいしつ》があります。だから気温《きおん》も下《さ》がりやすいのです。

意外《いがい》なカンケイ

北極《ほっきょく》と南極《なんきょく》の面積《めんせき》は、どちらも約《やく》1400万《まん》km²。日本《にほん》の約《やく》37倍《ばい》大《おお》きい

南《なん》極《きょく》では寒《さむ》くても風《か》邪《ぜ》を引《ひ》かない

寒《さむ》いと風《か》邪《ぜ》を引《ひ》きやすくなります。それは、寒《さむ》くて乾《かん》燥《そう》した環《かん》境《きょう》のほうが、風《か》邪《ぜ》のウイルスが活《かっ》発《ぱつ》になるからです。人《ひと》にうつることで、どんどんウイルスは増《ふ》えていきます。

ウイルスは凍《こお》っても、1〜2か月《げつ》は生《い》き続《つづ》けます。マイナス50℃でも半《はん》分《ぶん》は生《い》き残《のこ》ると言《い》われています。

では、寒《さむ》い南《なん》極《きょく》では、なぜ風《か》邪《ぜ》を引《ひ》かないのでしょうか。

答《こた》えは、人《ひと》がいないから。人《ひと》がほとんどいないので、風《か》邪《ぜ》のウイルスもいないのです。

そして南《なん》極《きょく》に来《く》る人《ひと》は、病《びょう》気《き》に感《かん》染《せん》をしていないか徹《てっ》底《てい》的《てき》に検《けん》査《さ》してから南《なん》極《きょく》に行《い》きます。そのため、風《か》邪《ぜ》を引《ひ》くことはほとんどありません。

衝撃《しょうげき》の事実《じじつ》！

南極《なんきょく》では歯《は》の詰《つ》め物《もの》（銀歯《ぎんば》）が寒《さむ》さで縮《ちぢ》んで取《と》れることもある

日《に》本《ほん》で見《み》られるオーロラは赤色《あかいろ》だけ

オーロラの正体《しょうたい》は、太陽《たいよう》から地《ち》球《きゅう》にやってきた風《かぜ》です。

これを「太陽風《たいようふう》」と言《い》います。太《たい》陽風《ようふう》は、電気《でんき》を帯《お》びたとても小《ちい》さな粒《つぶ》が大量《たいりょう》に集《あつ》まってできています。地球《ちきゅう》にやってきた太陽風《たいようふう》は、北極《ほっきょく》や南極《なんきょく》に引《ひ》き寄《よ》せられます。それは地《ち》球《きゅう》が巨大《きょだい》な磁石《じしゃく》だからです。

たとえば、棒磁石《ぼうじしゃく》を砂鉄《さてつ》の上《うえ》に置《お》くと、両端《りょうたん》に砂鉄《さてつ》が引《ひ》き寄《よ》せられます。それと同《おな》じで、地球《ちきゅう》の磁力《じりょく》によって、太陽風《たいようふう》の電気《でんき》を帯《お》びた粒《つぶ》が両極《りょうきょく》に集《あつ》められます。そしてこの粒《つぶ》が、地球《ちきゅう》に降《ふ》り注《そそ》いで大気《たいき》とぶつかると光《ひかり》を放《はな》ち、オーロラになるのです。

オーロラの赤《あか》や緑《みどり》の色《いろ》は、オーロラができる高《たか》さによって変《か》わります。

いちばん高《たか》い高度《こうど》400〜200km
は赤《あか》、200〜100kmは緑《みどり》、それ
以下《いか》は紫《むらさき》やピンクです。
北極《ほっきょく》や南極《なんきょく》ならすべてのオーロラ
が見《み》られます。しかし場所《ばしょ》が離《はな》れる
ほど（赤道《せきどう》に近《ちか》づくほど）、高度《こうど》の低《ひく》
いオーロラは、地平線《ちへいせん》の下《した》に隠《かく》れて
しまいます。そのため日本《にほん》では、赤《あか》
色《いろ》のオーロラしか見《み》られないのです。

オーロラを見《み》てみよう

オーロラを見《み》るタイミングは、狙《ねら》い目《め》があります。オーロラを引《ひ》き起《お》こす太陽《たいよう》の活《かつ》動《どう》は、11年《ねん》ごとに活発《かっぱつ》になることがわかっているからです。オーロラツアーに行《い》くときは、ぜひ太陽《たいよう》が活発《かっぱつ》に活動《かつどう》する時期《じき》を狙《ねら》って!

もっと知《し》りたい！

800年前《ねんまえ》の鎌倉時代《かまくらじだい》に、京都《きょうと》でも赤色《あかいろ》のオーロラが見《み》えた記録《きろく》がある

花粉《かふん》で空《そら》が虹色《にじいろ》になる

もしも空《そら》を見上《みあ》げて、虹色《にじいろ》の光《ひかり》の輪《わ》が見《み》えたら、逃《に》げることをおすすめします。それは天使《てんし》ではなく、大量《たいりょう》の花粉《かふん》だからです。

太陽《たいよう》の光《ひかり》は、空気中《くうきちゅう》の障害物《しょうがいぶつ》（花《か》粉《ふん》）にぶつかると、円《えん》を描《えが》くように曲《ま》がります。そしてこの曲《ま》がり方《かた》は、光《ひかり》の色《いろ》（波長《はちょう》）によって変《か》わります。

太陽光《たいようこう》は白《しろ》く見《み》えますが、じつは赤《あか》、青《あお》、緑《みどり》などの色《いろ》の光《ひかり》が混《ま》ざっています。障害物《しょうがいぶつ》にぶつかったとき、**赤《あか》い光《ひかり》は大《おお》きな円《えん》を描《えが》いて曲《ま》がります。緑《みどり》はやや小《ちい》さく、青《あお》はさらに小《ちい》さく円《えん》を描《えが》いて曲《ま》がります**。

花粉《かふん》が大量《たいりょう》に舞《ま》うと、曲《ま》がる光《ひかり》の量《りょう》も増《ふ》えて、赤《あか》、緑《みどり》、青《あお》と層《そう》になるため、虹《にじ》の輪《わ》が見《み》えるのです。

意外《いがい》なカンケイ

雨上《あめあ》がりの虹《にじ》も巨大《きょだい》な輪《わ》だが、地平線《ちへいせん》にさえぎられてアーチ形《がた》に見《み》える

なるほど

絵《え》で見《み》る恐竜《きょうりゅう》は科《か》学《がく》者《しゃ》の想《そう》像《ぞう》にすぎない

ティラノサウルスと聞《き》いて、どんな姿《すがた》を想像《そうぞう》しますか？

昔《むかし》は、頭《あたま》が上《うえ》で尾《お》が下《した》にある怪獣《かいじゅう》のゴジラのような姿《すがた》で描《えが》かれていました。それがやがて、頭《あたま》と尾《お》が横一《よこいっ》直線《ちょくせん》に並《なら》んでいる姿《すがた》になり、最近《さいきん》では、全身《ぜんしん》に羽毛《うもう》が生《は》えた姿《すがた》で描《えが》かれることもあります。

なぜ姿《すがた》がバラバラなのかというと、**恐竜《きょうりゅう》の形《かたち》や色《いろ》は、科学者《かがくしゃ》の想像《そうぞう》で決《き》められている**からです。

もちろん、好《す》き勝手《かって》に決《き》めているわけではありません。化石《かせき》や地層《ちそう》のデータから、矛盾《むじゅん》がないように考《かんが》えてはいます。しかし残《のこ》っているのは骨《ほね》や歯《は》だけで、皮《ひ》ふはありません。だから体《からだ》の色《いろ》は、描《えが》く人《ひと》の好《この》みです。

もっと知《し》りたい！

初《はじ》めて発見《はっけん》された恐竜《きょうりゅう》の親指《おやゆび》の化石《かせき》は、巨大《きょだい》イグアナの角《つの》だと思《おも》われていた

＋もっと知《し》りたい

人間《にんげん》が生《い》き続《つづ》けられるかは地球《ちきゅう》次第《しだい》

現在確認《げんざいかくにん》されている限《かぎ》りでは、地球《ちきゅう》は生命《せいめい》が存在《そんざい》するたった1つの星《ほし》です。しかしこの「奇跡《きせき》」は、今《いま》までに何度《なんど》も終《お》わりの危機《きき》にさらされました。

スノーボールアース

（全球凍結《ぜんきゅうとうけつ》）

地球《ちきゅう》には「スノーボールアース」と呼《よ》ばれる時代《じだい》が何度《なんど》かありました。地球《ちきゅう》が丸《まる》ごと北極《ほっきょく》や南極《なんきょく》のように凍《こお》ってしまったのです。気温《きおん》はマイナス40℃。海《うみ》は厚《あつ》さ1㎞もある氷《こおり》におおわれました。それでも生物《せいぶつ》は、氷《こおり》の下《した》の海《うみ》でなんとか生《い》きのびました。

スーパープルーム

約《やく》2億《おく》5000万年前《まんねんまえ》、地球《ちきゅう》の内部《ないぶ》から、直径《ちょっけい》1000㎞の巨大《きょだい》マグマ（スーパープルーム）が噴火《ふんか》。熱《ねつ》や有毒《ゆうどく》ガス、酸性雨《さんせいう》などによって、地球《ちきゅう》の生物《せいぶつ》の90～95%が絶滅《ぜつめつ》したと考《かんが》えられています。

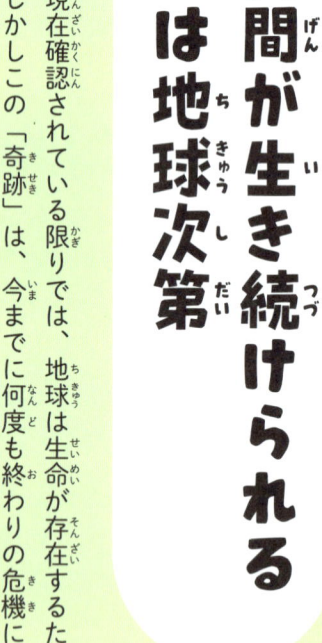

小《しょう》惑《わく》星《せい》衝《しょう》突《とつ》

約《やく》6600万年前《まんねんまえ》に、直径《ちょっけい》10kmの小惑星《しょうわくせい》が地球《ちきゅう》に衝突《しょうとつ》しました。その衝撃《しょうげき》で、高《たか》さ数《すう》百《ひゃく》mの津波《つなみ》や山火事《やまかじ》が発生《はっせい》。さらに、舞《ま》い上《あ》がった土《つち》ぼこりやガスで、地球全体《ちきゅうぜんたい》がおおわれたことで、太陽《たいよう》の光《ひかり》がさえぎられ、急速《きゅうそく》に気温《きおん》が低下《ていか》しました。恐竜《きょうりゅう》をはじめ、多《おお》くの生物《せいぶつ》が絶滅《ぜつめつ》しました。

地《ち》球《きゅう》温《おん》暖《だん》化《か》

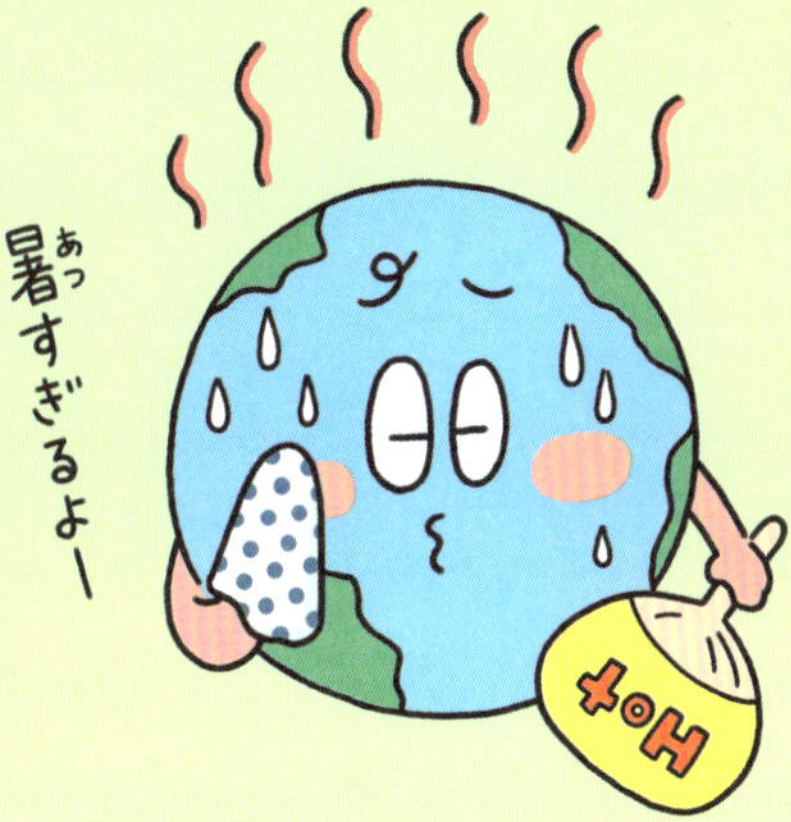

現在《げんざい》、人間《にんげん》の社会活動《しゃかいかつどう》が出《だ》す温室効果《おんしつこうか》ガスによって、地球《ちきゅう》の気温《きおん》が上《あ》がっています。対策《たいさく》をしなかった場合《ばあい》、西暦《せいれき》2100年《ねん》までに、平均気温《へいきんきおん》は約《やく》4°C上昇《じょうしょう》する計算《けいさん》です。わずかに気温《きおん》が上《あ》がるだけで、山火事《やまかじ》、洪水《こうずい》、農作物《のうさくぶつ》の不作《ふさく》による飢餓《きが》が増《ふ》え、多《おお》くの人《ひと》が亡《な》くなる可能性《かのうせい》があります。

わたしたちは、地球《ちきゅう》のほんの小《ちい》さな変化《へんか》で死《し》んでしまうほど弱《よわ》く、絶妙《ぜつみょう》なバランスの上《うえ》で生《い》かされているのです。

ウシのげっぷで地球《ちきゅう》が暖《あたた》まっている

世《せ》界《かい》でいちばん成功《せいこう》した動物《どうぶつ》は、ウシなのかもしれません。世《せ》界《かい》にいるウシの数《かず》は、約《やく》15億頭《おくとう》。人間《にんげん》をのぞけば、あらゆる動物《どうぶつ》のなかで、ウシはいちばん数《かず》が多《おお》いのです。

しかしそのせいで、ある問題《もんだい》が起《お》きています。ウシのげっぷで、地球《ちきゅう》がどんどん暖《あった》かくなっているのです。

ウシのげっぷには、メタンというガスが多《おお》くふくまれています。このガスは、太陽光《たいようこう》で暖《あたた》まった地表《ちひょう》の熱《ねつ》を吸収《きゅうしゅう》して、大気《たいき》をどんどん暖《あたた》める**温室効果《おんしつこうか》**があります。

このメタンを、1頭《とう》のウシは1日《にち》に300L、単純計算《たんじゅんけいさん》で、ウシ全体《ぜんたい》で毎日《まいにち》4650億《おく》Lもげっぷで吐《は》き出《だ》しています。

もっと知《し》りたい！

ウシが吐《は》くメタン量《りょう》を減《へ》らせるエサの開発《かいはつ》が進《すす》められている

重《おも》い星《ほし》は早《はや》く死《し》ぬ

やばい

わたしも
若《わか》いころは…
ズシッ
まだ
軽《かる》いねー！
長生《ながい》きするねー

星《ほし》にも寿命《じゅみょう》があります。太陽《たいよう》のように強《つよ》い光《ひかり》を放《はな》つ星《ほし》も、やがて光《ひか》らなくなり、ガスを出《だ》し切《き》ったり爆発《ばくはつ》したりして死《し》ぬのです。

光《ひかり》を失《うしな》うのは、光《ひか》るための燃料《ねんりょう》がなくなるからです。太陽《たいよう》は、水素《すいそ》を燃料《ねんりょう》にして光《ひか》りますが、**重《おも》いほど激《はげ》しくかがやき、燃料《ねんりょう》を使《つか》うスピードが速《はや》まる**ので、寿命《じゅみょう》は短《みじか》くなります。太陽《たいよう》の寿命《じゅみょう》は約《やく》１００億年《おくねん》ですが、太陽《たいよう》より30倍《ばい》重《おも》い星《ほし》の寿命《じゅみょう》は、わずか数百万年《すうひゃくまんねん》しかありません。

では、地球《ちきゅう》の寿命《じゅみょう》は、どうなんだろうと思《おも》いますよね。太陽《たいよう》は年々《ねんねん》巨大化《きょだいか》しており、地球《ちきゅう》はやがて飲《の》み込《こ》まれると言《い》う人《ひと》もいます。地球《ちきゅう》の運命《うんめい》は太陽《たいよう》が握《にぎ》っているのです。

衝撃《しょうげき》の事実《じじつ》！

太陽《たいよう》は現在約《げんざいやく》46億歳《おくさい》なので、残《のこ》りの寿命《じゅみょう》は54億年《おくねん》ほど。人間《にんげん》だと40歳《さい》くらい

月《つき》は地球《ちきゅう》のカケラからあっという間《ま》にできた

バチーン
オギャー

びっくり

月《つき》の岩石《がんせき》は、地球《ちきゅう》の岩石《がんせき》とよく似《に》た成分《せいぶん》でできています。なぜなら月《つき》の大部分《だいぶぶん》は、地球《ちきゅう》からできたと考《かんが》えられるからです。

約《やく》45億年前《おくねんまえ》、火星《かせい》ほどの大《おお》きさがある「テイア」という星《ほし》が、地球《ちきゅう》に衝突《しょうとつ》したと言《い》われます。そのときの衝撃《しょうげき》と高熱《こうねつ》で、地球《ちきゅう》の表面《ひょうめん》の一部《いちぶ》が溶《と》けてはぎとられ、宇宙空間《うちゅうくうかん》に散《ち》らばります。**この破片《はへん》と、砕《くだ》けたテイアの残骸《ざんがい》が、地球《ちきゅう》の重力《じゅうりょく》で1か所《しょ》に集《あつ》められ、やがて月《つき》になった**と考《かんが》えられるのです。これを「ジャイアント・インパクト説《せつ》」と言《い》います。

さらに最新《さいしん》の研究《けんきゅう》では、テイアが地球《ちきゅう》に衝突《しょうとつ》してから、わずか数時間《すうじかん》で月《つき》ができたというシミュレーショ

えっーっ
月《つき》でーす！
ママよろしくね
ポンッ

ン結果《けっか》も出《で》ています。

また、地球内部《ちきゅうないぶ》の核《かく》とマントルの間《あいだ》には、ほかの層《そう》とは明《あき》らかに成分《せいぶん》が異《こと》なる謎《なぞ》の層《そう》が発見《はっけん》されています。この層《そう》は、テイアの残骸《ざんがい》を地球《ちきゅう》が取《と》りこんでできたという説《せつ》もあります。

もしかすると地底《ちてい》の奥深《おくふか》くには、はるか遠《とお》くからやってきた星《ほし》のカケラが眠《ねむ》っているのかもしれません。

貴重《きちょう》なカケラ

地球《ちきゅう》で見《み》つかる隕石《いんせき》の中《なか》には、月《つき》や火星《かせい》から飛《と》んできたものも見《み》つかっています。月《つき》や火星《かせい》に隕石《いんせき》がぶつかった時《とき》にはげしく飛《と》び散《ち》ったカケラが宇宙《うちゅう》をさまよい、偶然《ぐうぜん》地球《ちきゅう》に落《お》ちたものです……。超貴重《ちょうきちょう》！

もっと知《し》りたい！

月《つき》の砂《すな》ぼこりはガラス質《しつ》で、吸《す》いこむと花粉症《かふんしょう》のような症状《しょうじょう》が出《で》る

宇《う》宙《ちゅう》はステーキのにおいがする

宇《う》宙《ちゅう》から帰《かえ》ってきた宇宙飛行士《うちゅうひこうし》たちの多《おお》くが、「独特《どくとく》のにおいがした」と語《かた》っています。

ある人《ひと》は、揚《あ》げたステーキのようだと言《い》い、別《べつ》の人《ひと》は、金属《きんぞく》のような香《かお》りだと感《かん》じたそうです。

この「宇宙《うちゅう》のにおい」の正体《しょうたい》は、まだわかっていません。宇宙空間《うちゅうくうかん》に漂《ただよ》うガスが、宇宙船《うちゅうせん》の中《なか》の空気《くうき》と反《はん》応《のう》して、オゾンのようなにおいを放《はな》つと考《かんが》える人《ひと》もいます。

宇宙飛行士《うちゅうひこうし》の山崎直子《やまざきなおこ》さんによると、**冷凍庫《れいとうこ》で冷《ひ》やしたアルミの弁当《べんとう》箱《ばこ》に、焼《や》いたラズベリーを入《い》れると、宇宙《うちゅう》のにおいに近《ちか》くなる**そうです。

ステーキとラズベリーを用意《ようい》して、宇宙《うちゅう》の雰囲気《ふんいき》を味《あじ》わってみましょう。

※2023年《ねん》3月《がつ》12日時点《にちじてん》

もっと知《し》りたい！

今《いま》まで宇宙《うちゅう》に行《い》ったのは595人《にん》※。日本人《にほんじん》は14人《にん》で、世界《せかい》で4番目《ばんめ》に多《おお》い

宇《う》宙《ちゅう》ステーションは弾《だん》丸《がん》より速《はや》い

すごい

ヒャッホー♪
ビューン！
はっ、速《はや》い…!!

国《こく》際《さい》宇《う》宙《ちゅう》ステーション（ISS）は、上空《じょうくう》約《やく》400㎞に浮《う》かぶ実験《じっけん》施設《しせつ》です。

1998年《ねん》から、40回以上《かいいじょう》に分《わ》けて部品《ぶひん》を宇宙《うちゅう》に打《う》ち上《あ》げ、2011年《ねん》に完成《かんせい》しました。大《おお》きさは、サッカー場《じょう》と同《おな》じくらいで、重《おも》さは420t（大型《おおがた》トラック約《やく》42台分《だいぶん》）。現在《げんざい》、日本《にほん》、アメリカ、欧州《おうしゅう》など、15か国《こく》が協力《きょうりょく》して運用《うんよう》しています。

ISSの中《なか》は、重力《じゅうりょく》がとても弱《よわ》いため、地球《ちきゅう》ではできない生物《せいぶつ》や物理《ぶつり》などの実験《じっけん》ができるのが魅力《みりょく》です。

さらに、上空《じょうくう》を飛行《ひこう》する速度《そくど》は、時速《じそく》2万《まん》8000㎞。**ライフル銃《じゅう》の弾丸《だんがん》よりも10倍速《ばいはや》く、1日《にち》で地球《ちきゅう》を約《やく》16周《しゅう》もする**空飛《そらと》ぶ実験室《じっけんしつ》です。

もっと知《し》りたい！

これまで1700以上《いじょう》の実験《じっけん》が行《おこな》われた。2030年《ねん》に運用終了予定《うんようしゅうりょうよてい》

月《つき》を取《と》り合《あ》って争《あらそ》いが起《お》きるかもしれない

ごめんね〜
わたしは
だれのモノでもないの!

やばい

アポロ11号《ごう》が月面着陸《げつめんちゃくりく》に成功《せいこう》する2年前《ねんまえ》。1967年《ねん》に「宇《う》宙条約《ちゅうじょうやく》」が発効《はっこう》されました。

その第《だい》2条《じょう》には「どの国《くに》も、月《つき》などの天体《てんたい》や宇宙空間《うちゅうくうかん》を自分《じぶん》だけのものにすることはできない」という約《やく》束《そく》が書《か》かれています。この条約《じょうやく》は、現在《げんざい》103の国《くに》で守《まも》られています。

ところがこれとは別《べつ》に、アメリカは「2015年《ねん》宇宙法《うちゅうほう》」という法律《ほうりつ》を独自《どくじ》に制定《せいてい》しました。この法律《ほうりつ》では、「**国《くに》は天体《てんたい》を所有《しょゆう》できないが、民間企業《みんかんきぎょう》が資源《しげん》を取《と》るのはOK《オーケー》**」としています。

近年《きんねん》では、月《つき》に無人探査船《むじんたんさせん》を送《おく》る民間企業《みんかんきぎょう》も現《あらわ》れました。近《ちか》い将来《しょうらい》、月《つき》の土地《とち》や資源《しげん》をめぐって、人々《ひとびと》が争《あらそ》う日《ひ》が訪《おとず》れるかもしれません。

もっと知《し》りたい!

南極《なんきょく》も「南極条約《なんきょくじょうやく》」(1961)によって、どの国《くに》も占領《せんりょう》が禁《きん》じられている

月《つき》に行《い》くには歩《ある》いて11年《ねん》かかる

なるほど

着《つ》いたー!!
いってきまーす
11年《ねん》
月《つき》
地球《ちきゅう》

月《つき》に歩《ある》いて行《い》ってみましょう。地球《ちきゅう》からの距離《きょり》は、約《やく》38万《まん》4000km。人《ひと》が歩《ある》く速度《そくど》は、時速約《じそくやく》4kmなので、**月《つき》に着《つ》くまでに9万《まん》6000時間《じかん》**かかります。つまり、約《やく》11年《ねん》かかる計算《けいさん》です。

ただし、月《つき》までの距離《きょり》は日《ひ》によって変《か》わります。いちばん近《ちか》くて35万《まん》7000km、いちばん遠《とお》くて40万《まん》1000kmと、5万《まん》km近《ちか》く（地球《ちきゅう》1周《しゅう》分《ぶん》以上《いじょう》）も変《か》わるのです。これは地《ち》球《きゅう》のまわりを回《まわ》る月《つき》の軌道《きどう》が、だ円《えん》を描《えが》いているからです。行《い》くならタイミングを計算《けいさん》して行《い》きましょう。

なお地球《ちきゅう》から次《つぎ》に近《ちか》い星《ほし》、金星《きんせい》までは3962万《まん》km、歩《ある》いて約《やく》1131年《ねん》かかります。

もっと知《し》りたい！

月《つき》までは飛行機《ひこうき》だと18日《にち》、新幹線《しんかんせん》だと52日《にち》、自動車《じどうしゃ》だと200日《にち》

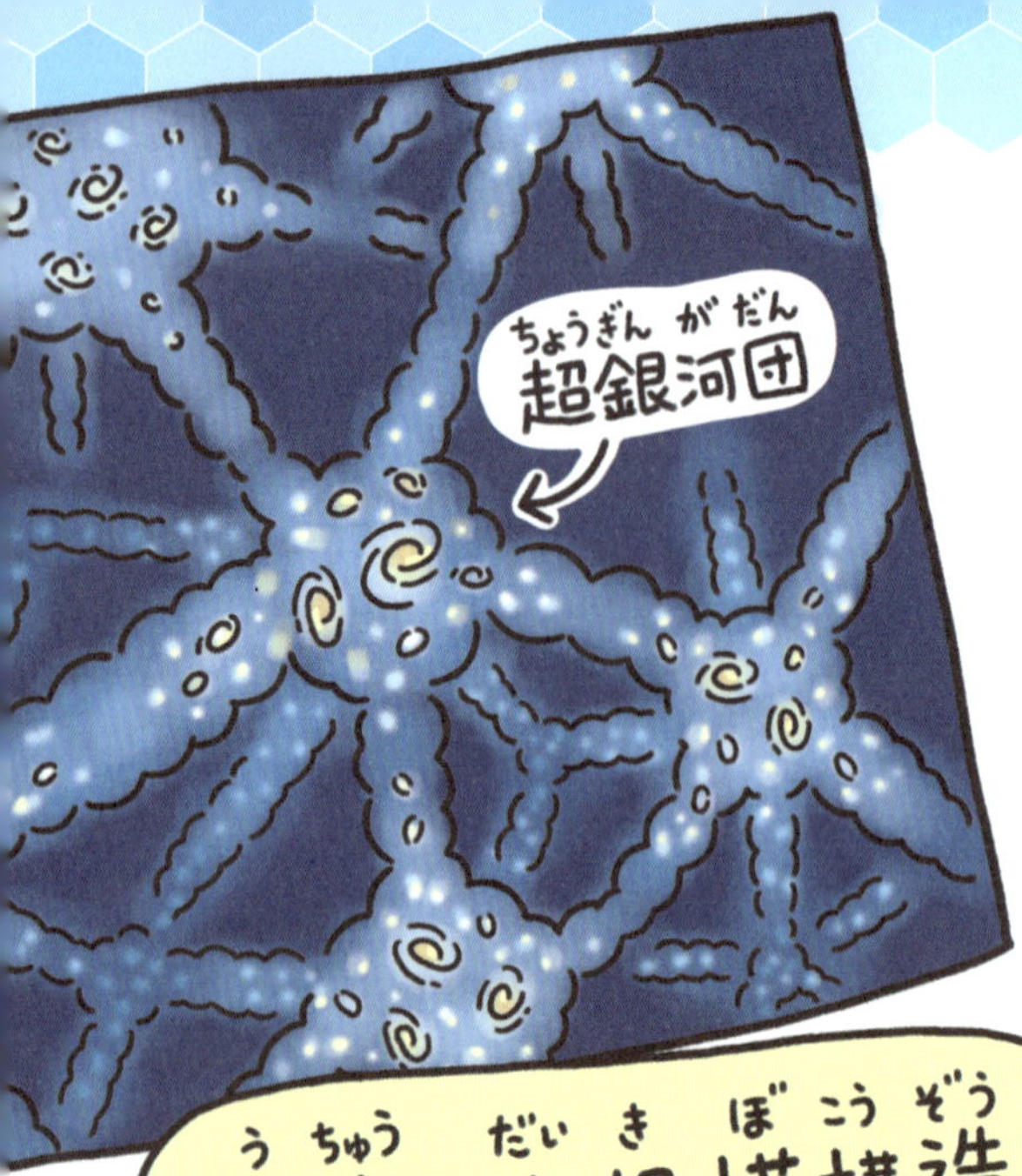

宇《う》宙《ちゅう》の地《ち》図《ず》は泡《あわ》のような模《も》様《よう》

宇宙《うちゅう》の大規模構造《だいきぼこうぞう》マップ

宇《う》宙《ちゅう》は風《ふう》船《せん》のようにふくらんでいます。しかもどんどん速《はや》く、大《おお》きく広《ひろ》がっているのです。始《はじ》まりは約《やく》138億《おく》年《ねん》前《まえ》。ビッグバンという大《だい》爆《ばく》発《はつ》が起《お》こり、たった1つの点《てん》に集《あつ》まっていた星《ほし》のもとが、一《いっ》気《き》に散《ち》らばりました。

それから約《やく》4億《おく》年《ねん》後《ご》に、最《さい》初《しょ》の星《ほし》が誕《たん》生《じょう》。約《やく》10億《おく》年《ねん》後《ご》に、最《さい》初《しょ》の銀《ぎん》河《が》が生《う》まれたと考《かんが》えられています。

現《げん》在《ざい》の宇《う》宙《ちゅう》には、人《じん》類《るい》が観《かん》測《そく》できる範《はん》囲《い》内《ない》だけでも、**約《やく》2兆《ちょう》個《こ》の銀《ぎん》河《が》がある**とされています。1つの銀《ぎん》河《が》には約《やく》2000億《おく》個《こ》の星《ほし》があると考《かんが》えられていますから、宇《う》宙《ちゅう》は数《かぞ》えきれないほどの星《ほし》で満《み》ちています。

ただし、**星《ほし》の場《ば》所《しょ》にはかたよりが**

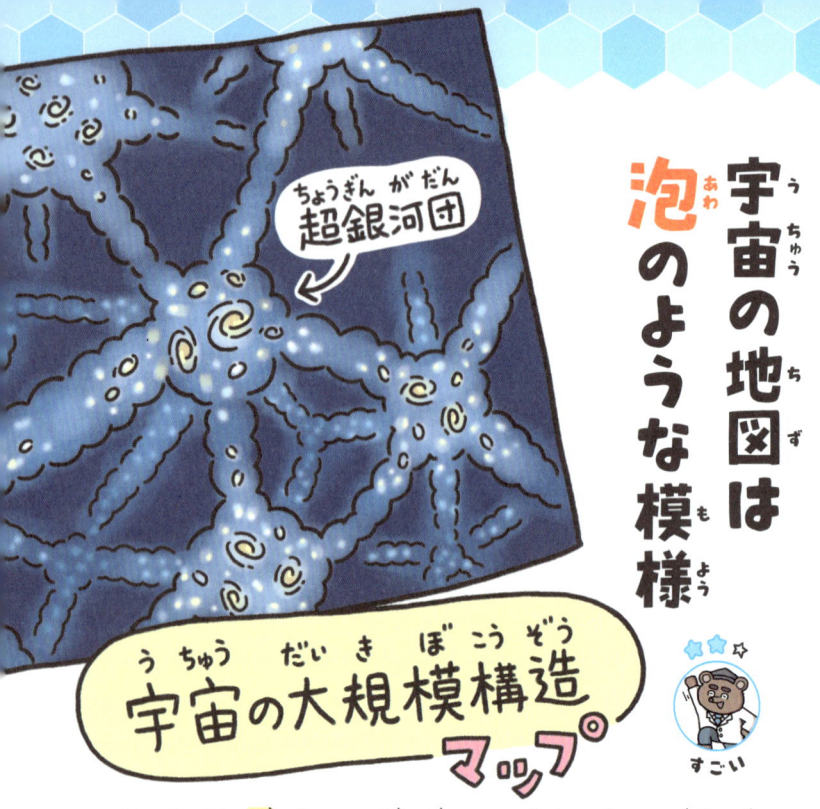

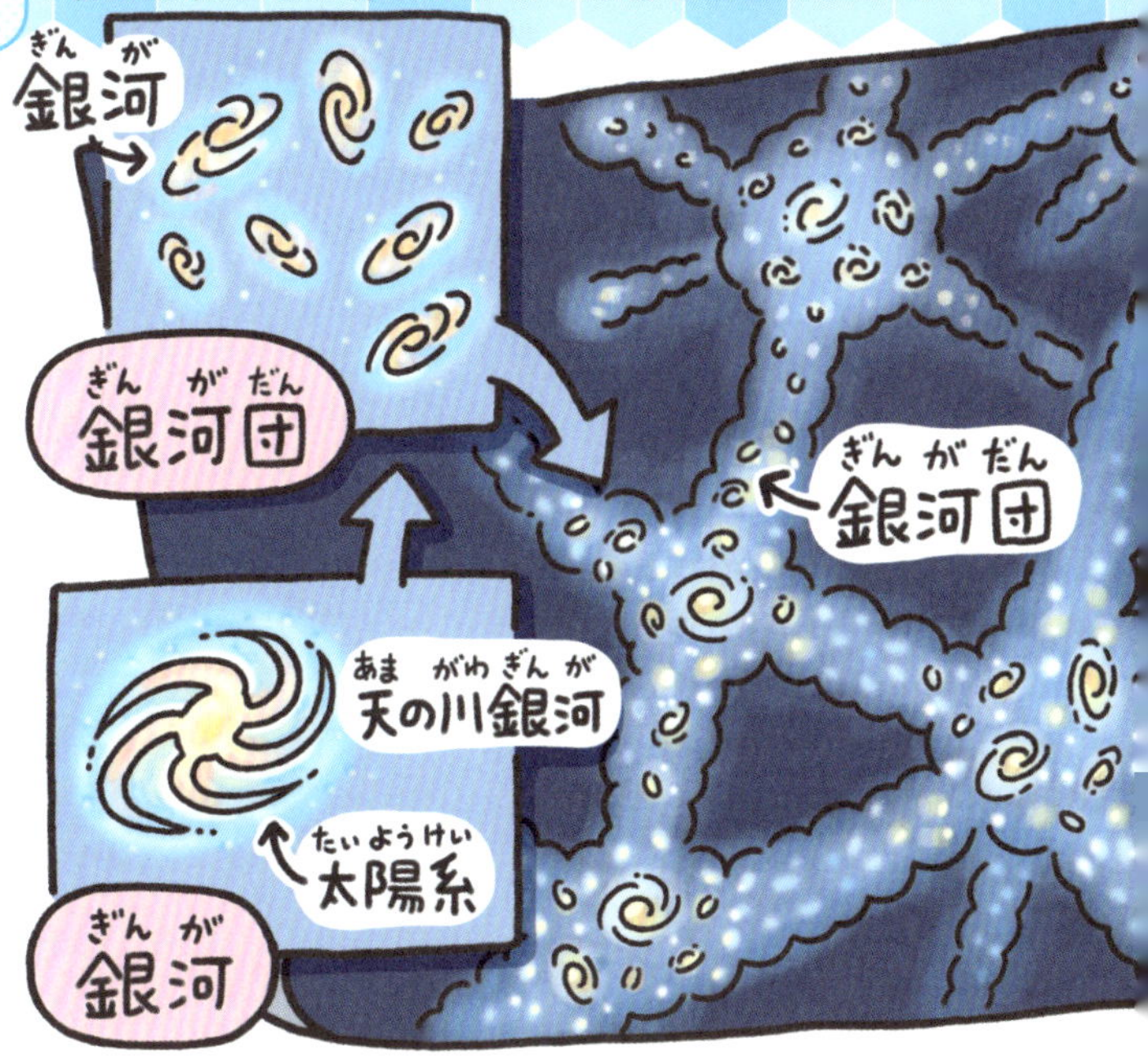

あります。ほとんど何《なに》もないところと、多《おお》くの銀河《ぎんが》が集《あつ》まっているところがあるのです。この銀河《ぎんが》がある場《ば》所《しょ》を点《てん》で示《しめ》して「宇宙《うちゅう》の地図《ちず》」を作《つく》ると、せっけんの泡《あわ》のような構造《こうぞう》になることがわかっています。

なぜ銀河《ぎんが》はかたよっているのか、宇宙《うちゅう》はどこまで広《ひろ》がるのか。調《しら》べるほど謎《なぞ》が深《ふか》まるのが、宇宙《うちゅう》です。

宇宙《うちゅう》の測《はか》り方《かた》

電車《でんしゃ》や車《くるま》で移動《いどう》するとき、遠《とお》くと近《ちか》くの景色《けしき》では動《うご》く速《はや》さが違《ちが》いますよね。宇宙《うちゅう》に輝《かがや》く星《ほし》たちまでの距離《きょり》も、これと同《おな》じ原理《げんり》を使《つか》って測《はか》っています。天体《てんたい》の場所《ばしょ》や運動《うんどう》を研究《けんきゅう》する学問《がくもん》をアストロメトリと言《い》います。

もっと知《し》りたい！

宇宙《うちゅう》の何《なに》もない空間《くうかん》にも、ダークマターという目《め》に見《み》えない何《なに》かがある

宝石《ほうせき》の雲《くも》が浮《う》かぶ星《ほし》がある

雲《くも》を見《み》て、まっ白《しろ》なわたあめを想像《そうぞう》するのは、地球《ちきゅう》の人《ひと》だけかもしれません。宇宙《うちゅう》には、雲《くも》が宝《ほう》石《せき》でできている星《ほし》もあるからです。

地球《ちきゅう》から約《やく》1000光年《こうねん》離《はな》れた場《ば》所《しょ》に、「HAT-P-7b」という高温《こうおん》のガスでできた星《ほし》があります。

この星《ほし》は、太陽《たいよう》のように光《ひか》る恒星《こうせい》に、ずっと同《おな》じ面《めん》を向《む》けて動《うご》いています。だから、星《ほし》の半分《はんぶん》はずっと昼《ひる》で、その裏側《うらがわ》はずっと夜《よる》のままです。

そして、冷《つめ》たい夜側《よるがわ》でできた雲《くも》が風《かぜ》で運《はこ》ばれて、熱《あつ》い昼側《ひるがわ》で蒸発《じょうはつ》しています。**この雲《くも》の成分《せいぶん》は、ルビーやサファイアの原料《げんりょう》となる鉱物《こうぶつ》**です。

宝石《ほうせき》でできた雲《くも》が、空《そら》で赤《あか》や青《あお》に光《ひか》っているかもしれません。

衝撃《しょうげき》の事実《じじつ》！

木星《もくせい》の雲《くも》はクリームのようになっている。水晶《すいしょう》の雲《くも》が浮《う》かぶ星《ほし》もある

宇宙《うちゅう》はポイ捨《す》て放題《ほうだい》

地《ち》球《きゅう》のまわりには、1億《おく》個《こ》以上《いじょう》のゴミが飛《と》んでいます。

これをスペースデブリと言《い》います。使《つか》われなくなった人工衛星《じんこうえいせい》、宇宙船《うちゅうせん》の部品《ぶひん》、破片《はへん》。**こういったゴミが回《かい》収《しゅう》されずに、地球《ちきゅう》のまわりを月《つき》のようにぐるぐると回《まわ》っている**のです。

スペースデブリの99%は大《おお》きさが数《すう》mmのかけらにすぎません。「ホコリみたいなものだ」と思《おも》うでしょう。でもそのホコリは、秒速《びょうそく》10～15kmの超高速《ちょうこうそく》で動《うご》いています。直径《ちょっけい》わずか3mmのアルミ片《へん》でも、ボーリングの玉《たま》が時速《じそく》100kmで衝突《しょうとつ》したのと、同《おな》じくらいの威力《いりょく》があるのです。

実際《じっさい》にデブリに破壊《はかい》された人工衛《じんこうえい》星《せい》もあり、対策《たいさく》が急《いそ》がれています。

衝撃《しょうげき》の事実《じじつ》！

デブリ同士《どうし》が衝突《しょうとつ》して分裂《ぶんれつ》し、数《かず》が増《ふ》えてしまうこともある

宇《う》宙《ちゅう》飛《ひ》行《こう》士《し》は四《よん》刀《とう》流《りゅう》

メジャーリーガーの大谷選手《おおたにせんしゅ》は二刀流《にとうりゅう》で話題《わだい》ですが、宇宙《うちゅう》飛《ひ》行士《こうし》の仕事《しごと》は四刀流《よんとうりゅう》です。

1つ目《め》は**研究者《けんきゅうしゃ》**。地球《ちきゅう》にいる研究《けんきゅう》者《しゃ》に代《か》わって無重力下《むじゅうりょくか》で実験《じっけん》を行《おこな》い、医療《いりょう》や産業《さんぎょう》に役立《やくだ》てています。

2つ目《め》は**乗組員《のりくみいん》**。宇宙船《うちゅうせん》を操作《そうさ》したり、システムを点検《てんけん》したりして、運行《うんこう》の安全性《あんぜんせい》を保《たも》っています。

3つ目《め》は**建設作業員《けんせつさぎょういん》**。国際宇宙《こくさいうちゅう》ステーションには、ロボットアームがついています。このアームを操作《そうさ》して、船外《せんがい》にカメラをつけたり、超小《ちょうこ》型《がた》の衛星《えいせい》を放出《ほうしゅつ》したりします。さらに宇宙服《うちゅうふく》を着《き》て、宇宙船《うちゅうせん》の外《そと》に出《で》て、壊《こわ》れた装置《そうち》や衛星《えいせい》を回収《かいしゅう》したり、修《しゅう》理《り》したりすることもあります。

4つ目《め》は**ジャーナリスト**です。宇《う》宙《ちゅう》に関《かん》する最新《さいしん》の研究成果《けんきゅうせいか》や地球《ちきゅう》の自然《しぜん》の尊《とうと》さを伝《つた》えるのも、宇宙飛行《うちゅうひこう》士《し》の大切《たいせつ》な仕事《しごと》。そのため宇宙《うちゅう》に出《で》て、宇宙船《うちゅうせん》の外《そと》や中《なか》、地球《ちきゅう》などの写《しゃ》真《しん》や映像《えいぞう》をたくさん撮影《さつえい》します。

こんなにたくさんの仕事《しごと》をしている宇宙飛行士《うちゅうひこうし》ですが、宇宙《うちゅう》でも土日《どにち》と祝日《しゅくじつ》は、しっかり休《やす》みます。

地球《ちきゅう》に帰《かえ》ったら？

宇宙飛行士《うちゅうひこうし》が宇宙《うちゅう》から地《ち》球《きゅう》に帰《かえ》ってきても、すぐには立《た》てません。久《ひさ》しぶりに感《かん》じる重力《じゅうりょく》で血《ち》が頭《あたま》にのぼらず、ふらつくし、どこに力《ちから》を入《い》れるとバランスをとって立《た》てるのか体《からだ》が忘《わす》れていてよろけてしまうからです。

もっと知《し》りたい！

ケガ防止《ぼうし》のため、地球出発《ちきゅうしゅっぱつ》の8か月前《げつまえ》からスポーツは禁止《きんし》される

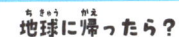

＋もっと知《し》りたい

快《かい》適《てき》!? 宇《う》宙《ちゅう》飛《ひ》行《こう》士《し》のくらし

宇宙船《うちゅうせん》の中《なか》で、宇宙飛行士《うちゅうひこうし》はどんな生活《せいかつ》を送《おく》っているのでしょうか。ちょっとのぞいてみましょう。

睡眠《すいみん》

体《からだ》を固定《こてい》して寝《ね》る

宇宙船《うちゅうせん》の中《なか》は、上《うえ》も横《よこ》も下《した》もありません。重力《じゅうりょく》がとても小《ちい》さいので、体《からだ》が浮《う》かんでしまいます。そのためベッドに固定《こてい》された寝《ね》袋《ぶくろ》や小《ちい》さな寝室《しんしつ》で寝《ね》ます。

食事《しょくじ》

300種類《しゅるい》以上《いじょう》から選《えら》べる

カレー、ラーメン、ハンバーグ、うなぎまで、300種類《しゅるい》以上《いじょう》のメニューが用意《ようい》されています。船内《せんない》にはオーブンがあり、温《あたた》かい食《た》べ物《もの》も食《た》べられます。

運動《うんどう》

毎日《まいにち》2時間《じかん》トレーニング

重力《じゅうりょく》が小《ちい》さいため、何《なに》もしないとどんどん筋肉《きんにく》や骨《ほね》が衰《おとろ》えます。そこでゴムを利用《りよう》して負荷《ふか》をかけるトレーニングマシンで、毎日《まいにち》2時間《じかん》くらい体《からだ》を動《うご》かしています。

ニャン
ニャン
がんばって
チュー

入浴《にゅうよく》

シャワーやお風呂《ふろ》はない

水《みず》は重力《じゅうりょく》が小《ちい》さいため下《した》に流《なが》れず、玉《たま》になって飛《と》び散《ち》ってしまいます。そのため、ぬれたタオルで顔《かお》や体《からだ》を拭《ふ》いたり、水《みず》のいらないシャンプーで頭《あたま》を洗《あら》ったりします。歯《は》みがきで口《くち》をすすいだ水《みず》は、そのまま飲《の》みます。

フー
さっぱりニャ
シャンプーも
ふきふき
だよ!

休日《きゅうじつ》

ネットや映画《えいが》も楽《たの》しめる

本《ほん》を読《よ》んだり、音楽《おんがく》を聞《き》いたり、映画《えいが》を観《み》たりする人《ひと》もいます。船内《せんない》はインターネットも接続《せつぞく》しているので、ニュースを読《よ》んだり、IP電話《でんわ》で家族《かぞく》や友人《ゆうじん》と通話《つうわ》したりもできます。

元気《げんき》ー!?

トイレ

空気《くうき》で吸《す》い取《と》る

おしっこもうんこも掃除機《そうじき》のように空気《くうき》で吸《す》い取《と》ります。タンクがいっぱいになったら、無人《むじん》の補給船《ほきゅうせん》に積《つ》んで、大気圏《たいきけん》で船《ふね》ごと燃《も》やします。アメリカの宇宙船《うちゅうせん》には、尿《にょう》を飲《の》み水《みず》にする装置《そうち》もあります。

ニャー
ホースで
吸《す》いこむチュウ

おまけ④

実験《じっけん》！宇宙《うちゅう》の広《ひろ》がり方《かた》を確《たし》かめてみよう

1
宇宙《うちゅう》は、ふくらんでいる!!
ヒィー!
えっどうして そう思《おも》ったニャ?
ハッブルさん
2
銀河《ぎんが》って知《し》ってる?
知《し》らんニャ
光《ひかり》かがやく星《ほし》が いっぱい集《あつ》まったものを 銀河《ぎんが》っていうんだけど
3
ずーっと観測《かんそく》してたらさ、地球《ちきゅう》から遠《とお》くにある銀河《ぎんが》ほど 速《はや》いスピードで遠《とお》ざかってたんだ
よくわからん ニャー
4
風船《ふうせん》にいくつか点《てん》をかいてから、ふくらませてみよう
みんなも やってみて
この風船《ふうせん》が宇宙《うちゅう》
風船《ふうせん》が大《おお》きくなるにつれて… 点《てん》と点《てん》の間《あいだ》が はなれていく!
A
点《てん》はどこに かいてもOK
きみが、かいた 点《てん》が銀河《ぎんが》
ある点《てん》(たとえばA)から見て 遠《とお》い点《てん》ほど、速《はや》く遠《とお》ざかってゆく
こんなふうに 今《いま》も宇宙《うちゅう》は ふくらんで いるんだ!!
すごい ニャー!!

第《だい》5章《しょう》

知《し》れば知《し》るほど好《す》きになる
科《か》学《がく》者《しゃ》のひみつ

科学者《かがくしゃ》はいつ生《う》まれたのか？

科学者《かがくしゃ》という言葉《ことば》が生《う》まれたのは1840年《ねん》。『科学《かがく》』という言葉《ことば》の歴史《れきし》は百数十年《ひゃくすうじゅうねん》ですが、それよりもっと前《まえ》から科学《かがく》は追《お》い求《もと》められてきました。

月《つき》の満《み》ち欠《か》けが30日《にち》で1周《しゅう》することに気《き》づき、1か月《げつ》を約《やく》30日《にち》、1年《ねん》を12か月《げつ》とするカレンダーを作《つく》りました。

シュメール人《じん》

古代《こだい》（紀元前《きげんぜん》〜1100年《ねん》）

メソポタミアや古代《こだい》ギリシャなどの文明《ぶんめい》を築《きず》いた人々《ひとびと》は、天体《てんたい》や自然《しぜん》をよく観察《かんさつ》することで、たくさんの科学的《かがくてき》な発見《はっけん》をしています。

レオナルド・ダ・ヴィンチ

人体《じんたい》を解剖《かいぼう》して骨《ほね》、筋肉《きんにく》、内臓《ないぞう》などの精密《せいみつ》なスケッチを残《のこ》しました。パラシュートやヘリコプターなどのアイデアも書《か》き残《のこ》しています。

アインシュタイン

「特殊相対性理論《とくしゅそうたいせいりろん》」を発表《はっぴょう》し、光《ひかり》より速《はや》いものはないこと、時間《じかん》の進《すす》み方《かた》は重力《じゅうりょく》や速度《そくど》によって変《か》わることを証明《しょうめい》しました。

中世《ちゅうせい》(1100～1600年《ねん》)

実験《じっけん》の手法《しゅほう》や数学《すうがく》が発達《はったつ》しておらず、すべての星《ほし》は地球《ちきゅう》を中心《ちゅうしん》に回《まわ》っているという「天動説《てんどうせつ》」や、地上《ちじょう》にあるすべての物質《ぶっしつ》は、土《つち》・水《みず》・空気《くうき》・火《ひ》の4つの元素《げんそ》の組《く》み合《あ》わせでできているというアリストテレスの説《せつ》が信《しん》じられていました。

アルキメデス

てこの原理《げんり》やアルキメデスの原理《げんり》を発見《はっけん》。

ピタゴラス

地球《ちきゅう》が球体《きゅうたい》であることを提唱《ていしょう》。

コペルニクス

「地球《ちきゅう》は太陽《たいよう》のまわりを回《まわ》っている」という地《ち》動説《どうせつ》を唱《とな》えました。

近現代《きんげんだい》(1600年《ねん》～現在《げんざい》)

観察《かんさつ》だけでなく、実験《じっけん》や数学《すうがく》を使《つか》った計算《けいさん》で、正《ただ》しさを裏《うら》づける方法《ほうほう》が確立《かくりつ》されます。多《おお》くの科学的《かがくてき》な知識《ちしき》や技術《ぎじゅつ》を共有《きょうゆう》できるようになりました。

ガリレオ

実験《じっけん》によって、落体《らくたい》の法則《ほうそく》や慣性《かんせい》の法則《ほうそく》を発見《はっけん》しました。また、望遠鏡《ぼうえんきょう》で天体《てんたい》を観察《かんさつ》し、地動説《ちどうせつ》の正《ただ》しさをうったえました。

ニュートン

数学《すうがく》を使《つか》って「万有《ばんゆう》引力《いんりょく》の法則《ほうそく》」を導《みちび》き出《だ》したほか、太陽《たいよう》光《こう》の色《いろ》は7色《しょく》に分《わ》かれることなどを発見《はっけん》しました。

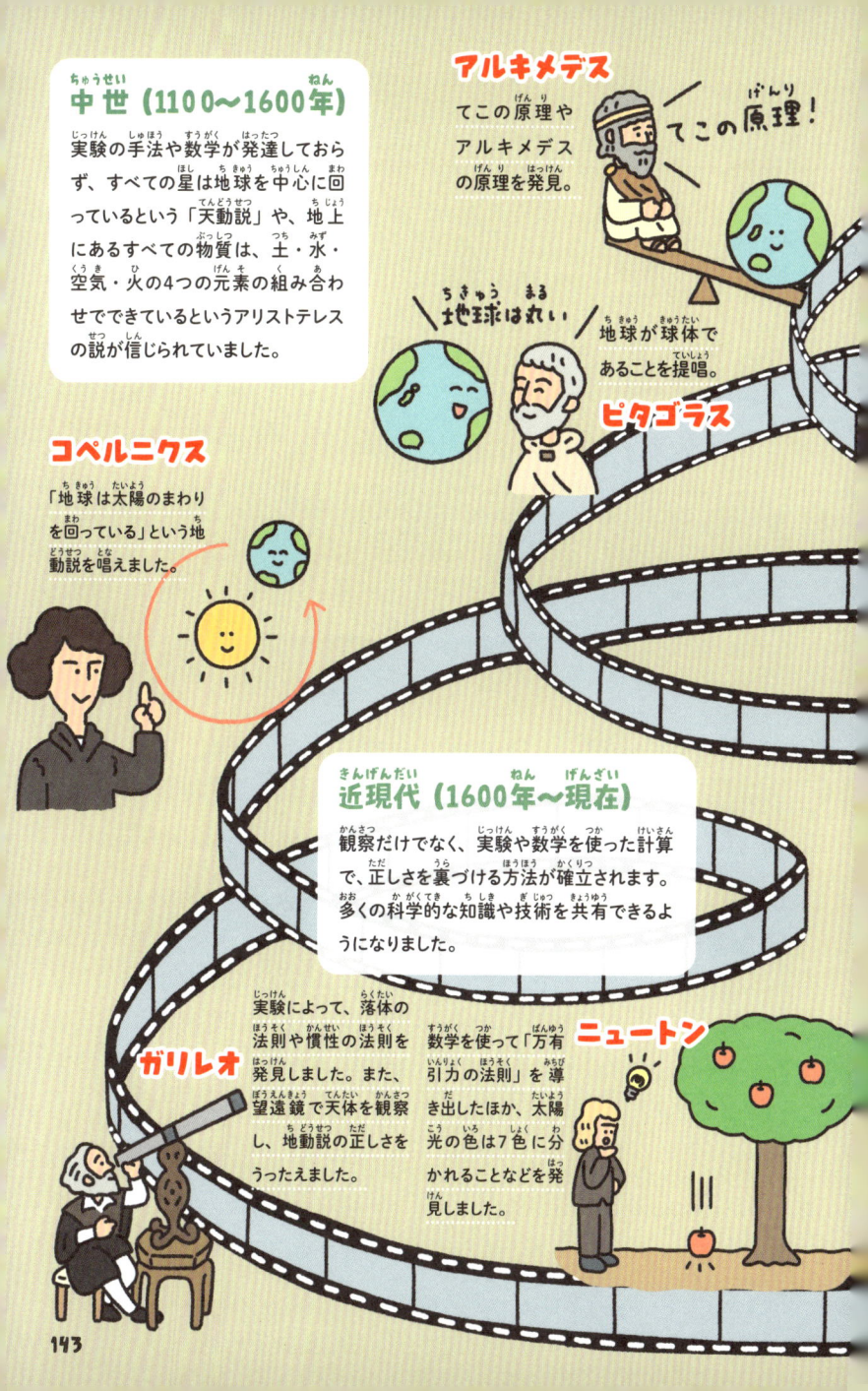

アルキメデスは太陽《たいよう》ビームを発明《はつめい》した

やばい

太陽《たいよう》さんよ
力《ちから》を貸《か》しておくれーっ
まかせろーっ
必殺《ひっさつ》サンビーム!
ぎゃ〜〜っ

紀《き》元前《げんぜん》214年頃《ねんごろ》、今《いま》のイタリアにあった港町《みなとまち》のシラクサは、ローマ軍《ぐん》と戦《たたか》っていました。海《うみ》から続々《ぞくぞく》とやってくるローマ海軍《かいぐん》を追《お》い払《はら》うため、シラクサ軍《ぐん》はある秘密兵《ひみつへい》器《き》を投入《とうにゅう》します。熱光線《ねつこうせん》（太陽《たいよう》ビーム）です。海岸《かいがん》に設置《せっち》した巨大《きょだい》なレンズで太陽光《たいようこう》を一点《いってん》に集《あつ》め、ローマ海軍《かいぐん》の船《ふね》を焼《や》き払《はら》いました。

この兵器《へいき》を考《かんが》えたのは、古代《こだい》ギリシャの数学者《すうがくしゃ》で物理学者《ぶつりがくしゃ》のアルキメデスだと言《い》われています。アルキメデスは自然《しぜん》を観察《かんさつ》し、それを数学《すうがく》で証明《しょうめい》することで、てこや浮力《ふりょく》の原理《げんり》を発見《はっけん》した人物《じんぶつ》。レンズの曲面《きょくめん》を研《けん》究《きゅう》する中《なか》で、焦点《しょうてん》（光《ひかり》が集《あつ》まる点《てん》）ができることも知《し》っていたのです。

衝撃《しょうげき》の事実《じじつ》！

ローマ軍《ぐん》に侵略《しんりゃく》されたときに研究中《けんきゅうちゅう》の図形《ずけい》に「触《さわ》るな」と言《い》って抵抗《ていこう》して殺《ころ》された

ガリレオは地獄《じごく》と魔王《まおう》の大《おお》きさを計算《けいさん》した

ガリレオは、地動説《ちどうせつ》や落体《らくたい》の法則《ほうそく》の証明《しょうめい》などの功績《こうせき》から「近代科学《きんだいかがく》の父《ちち》」とよばれています。

しかし、20代《だい》でまだ無名《むめい》だった彼《かれ》が、一躍注目《いちやくちゅうもく》されたきっかけは「ダンテの『神曲《しんきょく》』から地獄《じごく》と魔王《まおう》の大《おお》きさを計算《けいさん》してみた」ことでした。『神曲《しんきょく》』は、作者《さくしゃ》のダンテ自身《じしん》が主人公《しゅじんこう》となって地獄《じごく》や天国《てんごく》をめぐる物語《ものがたり》です。もちろん空想《くうそう》ですが、**ガリレオは描《えが》かれた挿絵《さしえ》を見《み》て「数学的《すうがくてき》にありえない」とマジレス**。文章《ぶんしょう》の内容《ないよう》と矛盾《むじゅん》しないように計算《けいさん》を行《おこな》い、地獄《じごく》の直径《ちょっけい》が地球《ちきゅう》の半径《はんけい》と等《ひと》しいこと、魔王《まおう》の身長《しんちょう》が1200mであることを証明《しょうめい》しました。これがきっかけで、大学《だいがく》の数学講師《すうがくこうし》になりました。

衝撃《しょうげき》の事実《じじつ》！

ガリレオは自分《じぶん》の発見《はっけん》を盗《ぬす》まれないようにメモにアナグラムを多用《たよう》した

ニュートンは研究《けんきゅう》の大半《たいはん》を錬金術《れんきんじゅつ》に費《つい》やした

経《けい》済学者《ざいがくしゃ》のケインズは、1936年《ねん》にニュートンの手記《しゅき》を手《て》に入《い》れ、その内容《ないよう》を見《み》て驚《おどろ》きます。書《か》かれていることの大半《たいはん》が「錬金《れんきん》術《じゅつ》」についてだったからです。

錬金術《れんきんじゅつ》は、石《いし》や鉄《てつ》を金銀《きんぎん》に変《か》える方法《ほうほう》のこと。今《いま》では不可能《ふかのう》であることがわかっていますが、中世《ちゅうせい》には盛《さか》んに研究《けんきゅう》されていました。**幻《まぼろし》の物《ぶっ》質《しつ》「賢者《けんじゃ》の石《いし》」を使《つか》えば、金《きん》が作《つく》れる**と信《しん》じられていたのです。

ニュートンの手記《しゅき》には、賢者《けんじゃ》の石《いし》の材料《ざいりょう》となる「哲学者《てつがくしゃ》の水銀《すいぎん》」を作《つく》る方法《ほうほう》が細《こま》かく書《か》かれていました。

それを読《よ》んだケインズは、「ニュートンは、理性《りせい》の時代《じだい》の最初《さいしょ》の人《ひと》ではなく、最後《さいご》の魔術師《まじゅつし》だった」という言葉《ことば》を残《のこ》しています。

衝撃《しょうげき》の事実《じじつ》！

哲学者《てつがくしゃ》の水銀《すいぎん》の材料《ざいりょう》は、炎《ほのお》のドラゴン、女神《めがみ》ダイアナのハト、水銀《すいぎん》のワシ7羽《わ》

ベンジャミン・フランクリンは雷《かみなり》を瓶《びん》に集《あつ》めようとした

今《いま》は雷《かみなり》が電気《でんき》であることは当《あ》たり前《まえ》です。しかし18世紀中《せいきなか》頃《ごろ》まで、その正体《しょうたい》は不明《ふめい》でした。

これを確《たし》かめたのが、実業家《じつぎょうか》のベンジャミン・フランクリンです。フランクリンは、当時《とうじ》発明《はつめい》された静電気《せいでんき》をためられるライデン瓶《びん》に興味《きょうみ》を持《も》ちます。そして、もしも雷《かみなり》が電気《でんき》ならば、ライデン瓶《びん》にためられるのではないかと考《かんが》えました。

1752年《ねん》、フランクリンは自《みずか》らそれを証明《しょうめい》します。雷雨《らいう》の日《ひ》に、金属《きんぞく》の鍵《かぎ》を結《むす》びつけたたこをあげ、鍵《かぎ》に瓶《びん》を近《ちか》づけたところ、鍵《かぎ》に帯《お》びた電気《でんき》が瓶《びん》に蓄《たくわ》えられたのです。

後《のち》にフランクリンは、この研究成《けんきゅうせい》果《か》をもとに避雷針《ひらいしん》を発明《はつめい》しました。

衝撃《しょうげき》の事実《じじつ》！

ほかの科学者《かがくしゃ》が実験《じっけん》をまねして何人《なんにん》も感電死《かんでんし》し、禁断《きんだん》の実験《じっけん》とされた

キリンの首《くび》が長《なが》い理由《りゆう》は ダーウィンの言葉《ことば》で 勘《かん》違《ちが》いされた

キリンは、高《たか》い木《こ》の葉《は》を食《た》べるために首《くび》が長《なが》く進化《しんか》した。**これは、よくある間違《まちが》いです。**

ダーウィンは、1859年《ねん》に『種《しゅ》の起源《きげん》』を発表《はっぴょう》しました。そこで進《しん》化《か》とは「ほかよりもたまたま有利《ゆうり》な特徴《とくちょう》を持《も》って生《う》まれた個体《こたい》が、生《い》き残《のこ》った結果《けっか》起《お》こる」と記《しる》しています。

キリンにも足《あし》が太《ふと》いもの、胴体《どうたい》が短《みじか》いものなど、いろいろな体《からだ》の特徴《とくちょう》の違《ちが》いがあります。そのなかで首《くび》が長《なが》いキリンも生《う》まれ、たまたまほかよりも生《い》き残《のこ》るのに有利《ゆうり》だった。その結果《けっか》、首《くび》が長《なが》いという特徴《とくちょう》が子孫《しそん》にも残《のこ》りました。

つまり進化《しんか》は、意志《いし》や努力《どりょく》ではなく、時《とき》の運《うん》で起《お》こるものなのです。

もっと知《し》りたい！

空《そら》を飛《と》べないペンギンや視力《しりょく》のないモグラのような「退化《たいか》」も、進化《しんか》の１つ

エジソンはメモ魔《ま》だった

すごい

「天《てん》才《さい》とは、1%《パーセント》のひらめきと99%の努力《どりょく》である」という有《ゆう》名《めい》な言葉《ことば》があります。

この言葉《ことば》を残《のこ》したのは、19世紀《せいき》に活躍《かつやく》した発明家《はつめいか》のトーマス・エジソンです。エジソンは、生涯《しょうがい》に1000を超《こ》える発明品《はつめいひん》を生《う》み出《だ》しました。部屋《へや》を照《て》らす白熱電球《はくねつでんきゅう》、音《おと》を記録《きろく》する蓄音機《ちくおんき》、スクリーンに映像《えいぞう》を映《うつ》し出《だ》す映写機《えいしゃき》など、現代《げんだい》の生活《せいかつ》に必《ひつ》要《よう》な多《おお》くの技術《ぎじゅつ》を確立《かくりつ》させたのです。

そんなエジソンは、発明《はつめい》のアイデアからジョークまで、とにかくノートに書《か》きまくるメモ魔《ま》でした。生涯《しょうがい》に書《か》いたノートは、なんと3500冊《さつ》。1%のひらめきは、この膨大《ぼうだい》なメモの山《やま》から生《う》まれたのです。

もっと知《し》りたい！

エジソンは食《しょく》パンの両面《りょうめん》をきれいに焼《や》けるパン焼《や》き機《き》も発明《はつめい》した

ニコラ・テスラは地球《ちきゅう》を真《ま》っ二《ぷた》つにしようと考《かんが》えていた

コンセントにプラグをさすだけで家電《かでん》がすぐに使《つか》えるのは、ニコラ・テスラのおかげです。テスラが開発《かいはつ》したのは、交流電源《こうりゅうでんげん》による送電《そうでん》システムです。19世紀末《せいきまつ》までは、エジソンが開発《かいはつ》した直流電《ちょくりゅうでん》源《げん》が主流《しゅりゅう》でしたが、テスラは交流電《こうりゅうでん》源《げん》のほうが、無駄《むだ》なく安定《あんてい》して電気《でんき》をとどけられると主張《しゅちょう》します。

このエジソンとの「電流戦争《でんりゅうせんそう》」に勝利《しょうり》した結果《けっか》、世界中《せかいじゅう》に電力《でんりょく》を安定《あんてい》して送《おく》れる装置《そうち》が広《ひろ》がったのです。

一方《いっぽう》で、**好奇心《こうきしん》が強《つよ》すぎたテスラは、地球《ちきゅう》を真《ま》っ二《ぷた》つにする方法《ほうほう》も真《しん》剣《けん》に研究《けんきゅう》**していました。こちらが先《さき》に完成《かんせい》していたら、偉人《いじん》ではなく悪《あく》魔《ま》となっていたかもしれません。

衝撃《しょうげき》の事実《じじつ》！

人工的《じんこうてき》に地震《じしん》を起《お》こす研究《けんきゅう》、無線《むせん》で世界中《せかいじゅう》に電気《でんき》を飛《と》ばす研究《けんきゅう》もしていた

電磁波《でんじは》を発見《はっけん》したが、役《やく》に立《た》たないとヘルツは考《かんが》えていた

音《おと》や電気《でんき》の周波数《しゅうはすう》の単位《たんい》を「ヘルツ（Hz）」と言《い》います。これは、1888年《ねん》に電磁波《でんじは》を発見《はっけん》した物理学者《ぶつりがくしゃ》のハインリヒ・ヘルツの名前《なまえ》から取《と》られています。

現代《げんだい》では、テレビ、ラジオ、電子《でんし》レンジなど、電磁波《でんじは》を使《つか》った製品《せいひん》がたくさん作《つく》られています。しかし19世紀後半《せいきこうはん》まで、理論的《りろんてき》にあることは予想《よそう》されていましたが、だれも電磁波《でんじは》を見《み》たことはありませんでした。

そこで**ヘルツは、電磁波《でんじは》を人工的《じんこうてき》に生《う》み出《だ》す装置《そうち》を開発《かいはつ》**。その存在《そんざい》を証明《しょうめい》してみせたのです。ヘルツは世界中《せかいじゅう》から称賛《しょうさん》されましたが、電磁波《でんじは》については「たぶん、何《なん》の役《やく》にも立《た》たない」と言《い》い残《のこ》したそうです。

もっと知《し》りたい！

1895年《ねん》マルコーニが無線電信《むせんでんしん》を成功《せいこう》させ、電磁波《でんじは》が初《はじ》めて製品化《せいひんか》された

レントゲンが発見《はっけん》したX線《せん》の意味《いみ》は「よくわからん光線《こうせん》」

びっくり

こ・・・これは・・・!!
キリッ
ごめん、よくわかんない!

アルファベットの**Xは、数学《すうがく》や科学《かがく》の世界《せかい》では「未知《みち》の値《あたい》」**という意味《いみ》があります。中学《ちゅうがく》の数学《すうがく》で習《なら》う連立方程式《れんりつほうていしき》で、代数《だいすう》にXの文字《もじ》を使《つか》うのもこのためです。

病院《びょういん》でレントゲン写真《しゃしん》を撮《と》るときに使《つか》う「X線《せん》」の「X」も、これと同《おな》じ意味《いみ》。X線《せん》は1895年《ねん》に、ドイツの物理学者《ぶつりがくしゃ》ヴィルヘルム・レントゲンによって発見《はっけん》されました。

レントゲンは、ガラス管《かん》を使《つか》った放電実験《ほうでんじっけん》をしているとき、近《ちか》くにある蛍光板《けいこうばん》が光《ひか》るのを発見《はっけん》。さらに手《て》をかざすと、骨《ほね》が透《す》けて写《うつ》ることが確認《かくにん》されました。驚《おどろ》いたレントゲンは「よくわかんない光《ひかり》だからX」と名《な》づけ、それが残《のこ》ったのです。

衝撃《しょうげき》の事実《じじつ》!

X線《せん》の発見《はっけん》で、レントゲンは第《だい》1回《かい》のノーベル物理学賞《ぶつりがくしょう》を授与《じゅよ》された

蚊《か》がこわくないのはパスツールのおかげ

世《せ》界《かい》でいちばん人間《にんげん》を殺《ころ》してい
る生物《せいぶつ》。それは蚊《か》です。
蚊《か》は、マラリアやデング熱《ねつ》などの
ウイルスをばらまきます。毎年《まいとし》72万《まん》
人以上《にんいじょう》が、蚊《か》が原因《げんいん》の感染症《かんせんしょう》によっ
て命《いのち》を落《お》としているのです。
でも日本《にほん》では、蚊《か》はこわくありま
せん。それは予防接種《よぼうせっしゅ》で、感染症《かんせんしょう》が
広《ひろ》がるのを防《ふせ》いでいるからです。
この**予防接種《よぼうせっしゅ》を広《ひろ》めたのが、細菌《さいきん》
学者《がくしゃ》のパスツール**です。パスツール
は、伝染病《でんせんびょう》は細菌《さいきん》が引《ひ》き起《お》こすこと
を発見《はっけん》。狂犬病《きょうけんびょう》、ニワトリコレラ、
炭素病《たんそびょう》などの細菌《さいきん》を特定《とくてい》し、それら
の病気《びょうき》を予防《よぼう》するワクチンを開発《かいはつ》し
ました。その功績《こうせき》から「細菌学《さいきんがく》の
父《ちち》」とよばれています。

意外《いがい》なカンケイ

パスツールが開発《かいはつ》した殺菌処理法《さっきんしょりほう》は、現在《げんざい》牛乳《ぎゅうにゅう》に使《つか》われている

マリ・キュリーはボロボロの小屋《こや》で新元素《しんげんそ》を発見《はっけん》した

マリ・キュリーは、物理《ぶつり》と化学《かがく》の2分野《ぶんや》でノーベル賞《しょう》を受賞《じゅしょう》した、ただ一人《ひとり》の学者《がくしゃ》です。

マリは、夫《おっと》で学者《がくしゃ》のピエールと共《とも》に、放射線《ほうしゃせん》の研究《けんきゅう》をしていました。放射線《ほうしゃせん》とは、物質《ぶっしつ》が放《はな》つものすごく小《ちい》さな粒《つぶ》や電磁波《でんじは》のこと。マリは、一部《いちぶ》の元素《げんそ》に、放射線《ほうしゃせん》を出《だ》す性質《せいしつ》（放射能《ほうしゃのう》）があることを突《つ》き止《と》めます。

さらに鉱石《こうせき》の中《なか》から、放射能《ほうしゃのう》を持《も》つ2つの新元素《しんげんそ》を発見《はっけん》。ポロニウムとラジウムと名《な》づけました。

元素《げんそ》を取《と》り出《だ》すには、数千《すうせん》kgの鉱《こう》石《せき》を細《こま》かく砕《くだ》いて、煮《に》たり、混《ま》ぜたりする必要《ひつよう》があります。資金《しきん》がなかったマリ夫妻《ふさい》は、雨《あめ》もりがするような小屋《こや》でその作業《さぎょう》をやり遂《と》げました。

衝撃《しょうげき》の事実《じじつ》！

娘《むすめ》のイレーヌもノーベル化学賞受賞《かがくしょうじゅしょう》。一家《いっか》で5つのノーベル賞《しょう》を受賞《じゅしょう》した

アインシュタインは「ぼーっとした子《こ》」とよばれていた

1905年《ねん》に「特殊相対性理論《とくしゅそうたいせいりろん》」を発表《はっぴょう》し、それまでの物理学《ぶつりがく》の考《かんが》え方《かた》を根底《こんてい》から大《おお》きく変《か》えてしまったアインシュタイン。

空間《くうかん》の大《おお》きさや時間《じかん》の長《なが》さは一定《いってい》ではなく、状況《じょうきょう》によって伸《の》びたり縮《ちぢ》んだりすることを計算《けいさん》で証明《しょうめい》しました。その理論《りろん》は宇宙《うちゅう》に関《かん》する研究《けんきゅう》を大《おお》きく前進《ぜんしん》させ、現在《げんざい》、GPS《ジーピーエス》による位置案内《いちあんない》（地図《ちず》アプリ）にも生《い》かされています。

一方《いっぽう》、**子《こ》ども時代《じだい》は、言葉《ことば》を話《はな》し始《はじ》めるのが遅《おそ》く、「ぼーっとした子《こ》」とよばれていました**。話《はな》す前《まえ》に頭《あたま》の中《なか》で言《い》うことをささやく癖《くせ》があったそうです。この頃《ころ》から物事《ものごと》を深《ふか》く考《かんが》える癖《くせ》があったのかもしれません。

意外《いがい》なカンケイ

マスコミに照《て》れ隠《かく》しでアッカンベーをした写真《しゃしん》が広《ひろ》まり、本人《ほんにん》もお気《き》に入《い》りだった

＋もっと知《し》りたい

あなたも科学者《かがくしゃ》になれる！

今《いま》も世界中《せかいじゅう》にたくさんの科学者《かがくしゃ》がいます。どうすれば科学者《かがくしゃ》になれるのでしょうか？

1 好《す》きなことを探《さが》そう

人《ひと》から言《い》われなくても知《し》りたくなること、やってみたくなること、それがあなたの好《す》きなことです。好《す》きなことは毎日続《まいにちつづ》けても苦《く》になりません。だから人《ひと》よりも、たくさんの発見《はっけん》や失敗《しっぱい》をすることができます。

2 気《き》になることはとことん調《しら》べよう

「なぜ?」「どうして?」と思《おも》うことは、納得《なっとく》できるまで調《しら》べてみましょう。すると「世界《せかい》には、まだわかっていないことがたくさんあること」に気《き》づきます。本《ほん》やネットで調《しら》べてもわからなかったら、人《ひと》に聞《き》いてみましょう。人《ひと》に聞《き》いてもわからなかったら、自分《じぶん》で仮説《かせつ》を立《た》ててみましょう。それが、あなたの研究《けんきゅう》テーマになるかもしれません。

3 詳《くわ》しく学《まな》べる場所《ばしょ》を探《さが》そう

専門的《せんもんてき》な知識《ちしき》や技術《ぎじゅつ》を学《まな》ぶには、大学《だいがく》などで学《まな》びましょう。理工学《りこうがく》、情報学《じょうほうがく》、社会科学《しゃかいかがく》などいろんな分野《ぶんや》があります。また研究《けんきゅう》を進《すす》めたいのであれば、大学院《だいがくいん》に進学《しんがく》して博士号《はくしごう》を取《と》るのをおすすめします。

4 研究《けんきゅう》機関《きかん》を調《しら》べてみよう

研究《けんきゅう》は、お金《かね》・手間《てま》・時間《じかん》がかかるもの。国《くに》や大学《だいがく》、民間《みんかん》のさまざまな研究《けんきゅう》機関《きかん》では最先端《さいせんたん》の研究《けんきゅう》が行《おこな》われています。研究《けんきゅう》機関《きかん》ではたらくには専門《せんもん》知識《ちしき》はもちろん、英語《えいご》で論文《ろんぶん》を書《か》いたり話《はな》したりする力《ちから》も求《もと》められます。

科学《かがく》コミュニケーターという仕事《しごと》

科学《かがく》にかかわる仕事《しごと》は、研究者《けんきゅうしゃ》だけではありません。たとえば「科学《かがく》コミュニケーター」という仕事《しごと》があります。専門的《せんもんてき》な科学《かがく》の話《はなし》を受《う》け取《と》りやすく人々《ひとびと》に伝《つた》え、また人々《ひとびと》の抱《いだ》く疑問《ぎもん》や期待《きたい》を研究者《けんきゅうしゃ》に伝《つた》えます。科学《かがく》と社会《しゃかい》の間《あいだ》に立《た》ってコミュニケーションをうながし、科学《かがく》に対《たい》する理解《りかい》を深《ふか》める仕《し》事《ごと》です。科学館《かがくかん》ではたらくだけでなく、独立《どくりつ》して活躍《かつやく》する科学《かがく》コミュニケーターもいます。

おわりに

ちゃんとおわりまで読《よ》んでいただき、ありがとうございます。

人間《にんげん》の好奇心《こうきしん》や探究心《たんきゅうしん》が、長《なが》い歴史《れきし》の中《なか》で
積《つ》み重《かさ》なってできた知恵《ちえ》の結晶《けっしょう》が、「科学《かがく》」です。
もちろん、今《いま》もその結晶《けっしょう》は、科学者《かがくしゃ》の手《て》によって日々《ひび》じわじわと成長《せいちょう》しています。

……と言《い》うことは、この本《ほん》に書《か》いてあることだって、更新《こうしん》される日《ひ》が来《く》るかも。

10年後《ねんご》、今《いま》の教科書《きょうかしょ》の内容《ないよう》が書《か》き変《か》わることだって、十分《じゅうぶん》ありえる話《はなし》です。

身《み》のまわりの「当《あ》たり前《まえ》」「常識《じょうしき》」は、そのまま信《しん》じこんでしまうのでは
面白《おもしろ》くありません。「本当《ほんとう》に？」「いつから？」「なんでそうなるの？」と、
不思議《ふしぎ》に思《おも》ってみてはいかがでしょう。不思議《ふしぎ》を見《み》つけて知《し》りたくなる、
それこそ科学《かがく》への第一歩《だいいっぽ》です。

さぁ、さっそくみなさんのまわりに隠《かく》れた不思議《ふしぎ》を、
探《さが》して「科学《かがく》」してみませんか？

本田《ほんだ》隆行《たかゆき》